**ŞİDDETSİZ İLETİŞİM
YARDIMCI EL KİTABI**

LUCY LEU

Sertifikalı Eğitmen
Uluslararası Şiddetsiz İletişim Merkezi
(Center for Nonviolent Communication – CNVC)

Şiddetsiz İletişim Yardımcı El Kitabı

Birey, Grup veya Sınıf
Çalışmaları İçin Pratik
Bir Kılavuz

Remzi Kitabevi

ŞİDDETSİZ İLETİŞİM YARDIMCI EL KİTABI / LUCY LEU

© PuddleDancer Press, 2015

Türkçe yayın hakları Remzi Kitabevi, 2022

Lucy Leu tarafından yazılan Nonviolent Communication Companion Workbook
(2. Edisyon), ISBN 9781892005298, Copyright © Eylül 2015, PuddleDancer Press,
kitabından çevrilmiştir. Tüm hakları saklıdır. Bu izinle basılmıştır. Şiddetsiz İletişim
konusunda daha fazla bilgi için www.cnvc.org adresinde Şiddetsiz İletişim Merkezi'ne
(Center for Nonviolent Communication) başvurulabilir.

Translated from the book Nonviolent Communication Companion Workbook,
2nd Edition and ISBN 9781892005298 by Lucy Leu, Copyright © September 2015
PuddleDancer Press, published by PuddleDancer Press. All rights reserved. Used
with permission. For further information about Nonviolent Communication(TM) please
visit the Center for Nonviolent Communication on the Web at: www.cnvc.org.

Bu yapıtın aynen ya da özet olarak hiçbir bölümü,
telif hakkı sahibinin yazılı izni alınmadan kullanılamaz.

Türkçesi: Gizem Alav Şapçı
Redaksiyon: Vivet Alevi
Son okuma: Deniz Spatar
Kapak tasarımı: Ömer Erduran

ISBN 978-975-14-2122-7

Birinci Basım: Şubat 2023

Kitabın basımı 3000 adet yapılmıştır.

Remzi Kitabevi A.Ş., Akmerkez E3-14, 34337 Etiler-İstanbul
Sertifika no: 10705
Tel (212) 282 2080   Faks (212) 282 2090
www.remzi.com.tr   post@remzi.com.tr

Baskı ve cilt: Güven Mücellit, Mahmutbey Mah. 2622. Sokak
Güven İş Merkezi No: 6 Bağcılar-İstanbul
Sertifika no: 45003 / Tel (212) 445 0004

İçindekiler

Türkçe Basım İçin Önsöz 9
Önsöz 11
Teşekkür 13
Bölüm I: Şiddetsiz İletişim Yardımcı El Kitabı'nı Kullanmak, 15
Yardımcı El Kitabı'nın Amacı 17
Yardımcı El Kitabı'nı Kullanmaya Dair Öneriler 18
Bölüm II: Tek Başına Pratik Yapmak, 21
Bölüm III: Birlikte Pratik Yapmak, 27
   A – Bir Alıştırma Grubu Kurmak 29
   B – Amacımızı Hatırlamak ve Kendimize Zaman Tanımak ... 31
   C – Alıştırma Çemberini Yönetmek 33
   D – "Bir Alıştırma Grubu Liderinde Değer Verdiğimiz Nitelikler" ... 38
   E – Kuralları Belirlemek 40
   F – Geri Bildirim Vermeye Davet Etmek 41
   G – Grup İçi Çatışmalar 42
   H – Çatışmayı Kucaklamak: Hatırlatıcılar 59
   I – Grup İçi Etkileşim Biçimleri 59
   J – Bir Empati Oturumunu Yapılandırmak İçin Öneriler 63
   K – Bir Rol Oyununu Yapılandırmak İçin Öneriler 67
Bölüm IV: Alıştırmalar, 69
Bireysel Ev Çalışmaları, Liderin Kılavuzu ve Örnek Yanıtlar, 69

Bölüm için Alıştırmalar–1:
Gönülden Vermek, 73
   Bir – Bireysel Ev Çalışmaları 73
   Bir – Liderin Kılavuzu 76
   Bir – Liderin Kılavuzuna Örnek Yanıtlar 79

Bölüm için Alıştırmalar-2:
Şefkati Engelleyen İletişim, 80

İki – Bireysel Ev Çalışmaları 80
İki – Liderin Kılavuzu... 82
İki – Liderin Kılavuzuna Örnek Yanıtlar 84

Bölüm için Alıştırmalar-3:
Değerlendirmeden Gözlemlemek, 86

Üç – Bireysel Çalışmalar... 86
Üç – Liderin Kılavuzu.. 87
Üç – Liderin Kılavuzu için Örnek Yanıtlar 89

Bölüm için Alıştırmalar-4:
Duyguları Tanımlamak ve İfade Etmek, 91

Dört – Bireysel Çalışmalar 91
Dört – Liderin Kılavuzu.. 93
Dört – Liderin Kılavuzuna Örnek Yanıtlar 96

Bölüm için Alıştırmalar-5:
Duygularımızın Sorumluluğunu Üstlenmek, 97

Beş – Bireysel Ev Çalışmaları... 97
Beş – Liderin Kılavuzu 99
Beş – Liderin Kılavuzuna Örnek Yanıtlar.............................. 102

Bölüm için Alıştırmalar-6:
Hayatı Zenginleştirecek Olanı İstemek, 105

Altı – Bireysel Ev Çalışmaları 105
Altı – Liderin Kılavuzu 107
Altı – Liderin Kılavuzuna Örnek Yanıtlar 109

Bölüm için Alıştırmalar-7:
Empatiyle Anlamak, 111

Yedi – Bireysel Ev Çalışmaları 111
Yedi – Liderin Kılavuzu 114
Yedi – Liderin Kılavuzuna Örnek Yanıtlar 116

Bölüm için Alıştırmalar-8:
Empatinin Gücü, 119

Sekiz – Bireysel Ev Çalışmaları.. 119
Sekiz – Liderin Kılavuzu 124
Sekiz – Liderin Kılavuzuna Örnek Yanıtlar 126

Bölüm için Alıştırmalar-9:
Kendimizle Şefkatle Bağ Kurmak, 128
Dokuz – Bireysel Ev Çalışmaları 128
Dokuz – Liderin Kılavuzu 133
Dokuz – Liderin Kılavuzuna Örnek Yanıtlar.. 136

Bölüm için Alıştırmalar-10:
Öfkeyi Tam Olarak İfade Etmek, 139
On – Bireysel Ev Çalışmaları 139
On – Liderin Kılavuzu 144
On – Etkinlik 1 için Liderin Kılavuzuna Örnek Yanıtlar:........................ 145

Bölüm için Alıştırmalar-11:
Çatışma Çözümü ve Arabuluculuk, 147
On Bir – Bireysel Ev Çalışmaları.. 147
On Bir – Liderin Kılavuzu 154
On Bir – Bireysel Pratiğe Örnek Yanıtlar.. 159
On Bir – Liderin Kılavuzuna Örnek Yanıtlar... 160

Bölüm için Alıştırmalar-12:
Koruyucu Güç Kullanmak, 161
On İki – Bireysel Ev Çalışmaları 161
On İki – Liderin Kılavuzu.. 164
On İki – Liderin Kılavuzuna Örnek Yanıtlar.. 166

Bölüm için Alıştırmalar-13:
Kendimizi Özgürleştirmek ve Başkalarını Desteklemek, 167
On Üç – Bireysel Ev Çalışmaları 167
On Üç – Liderin Kılavuzu 169
On Üç – Liderin Kılavuzuna Örnek Yanıt... 172

Bölüm için Alıştırmalar-14:
Şiddetsiz İletişim'de Takdiri İfade Etmek, 173
On Dört – Bireysel Ev Çalışmaları.. 173
On Dört – Liderin Kılavuzu 176
On Dört – Liderin Kılavuzuna Örnek Yanıtlar 179

EKLER
Ek 1 – Şiddetsiz İletişim'de Daha Fazla Pratik İçin Öneriler................... 185
Ek 2 – Duygu Listeleri.. 188
Ek 3 – Evrensel İhtiyaç Listesi 191

Ek 4 – Öfke Sizi Sabote Etmesin!..........193
Ek 5 – Bireysel Geri Bildirim Formu..........194
Ek 6 – Grup Geri Bildirim Formu..........195
Ek 7 – Şiddetsiz İletişim Süreci Takip Çizelgesi..........196

Notlar..........197
Şiddetsiz İletişim Hakkında..........200
Türkiye'de Şiddetsiz İletişim..........201
Yazar Hakkında..........203
Sağlıklı İlişkiler İçin Hayatı Değiştiren Araçlar Edinin..........
Şiddetsiz İletişim Sürecinin Dört Bileşeni..........199
Şiddetsiz İletişim Yardımcı El Kitabı için ne dediler?..........205

Türkçe Basım İçin Önsöz

Merhaba, şu an bu satırları okuduğunuzu düşündüğümüzde tahmin ediyoruz ki ya Şiddetsiz İletişim'i merak ettiniz ya da bu yaklaşıma aşinasınız ve büyüme-gelişme sürecinizi desteklemek istiyorsunuz. Türkçeye kazandırmaktan büyük keyif aldığımız bu el kitabının amacı da bu: Marshall Rosenberg'in *"Şiddetsiz İletişim: Bir Yaşam Dili"* kitabında sunduğu teorik bilgileri içselleştirmek isteyenlere güçlü bir pratik ve destek alanı oluşturmak; bir nevi yol arkadaşı olmak... Şiddetsiz İletişim kitabıyla birlikte bu el kitabını takip ederek, sunulan alıştırmaları ister kendi başınıza, ister bir grup içinde yapabilirsiniz. Sizinle benzer arayışta olanlarla bir pratik grubu oluşturmanızın, öğrendiklerinizi karşılıklı destek ve dayanışma içeren bir topluluk ortamında hayata geçirmeniz için paha biçilmez bir imkan sağlayacağına inanıyoruz.

Tüm dünyada Şiddetsiz İletişim çemberlerinde en çok anılan isimler arasında olan Mevlânâ'nın *"Dilini terbiye etmeden önce yüreğini terbiye et. Çünkü söz yürekten gelir, dilden çıkar"* deyişi tam da bu kitabın niyetleriyle uyum içinde. Marshall Rosenberg sevgi, saygı, güven ve anlayış temelli ilişkiler yaşamak isteyenler için somut araç ve yöntemler sunan bu yaklaşımın, salt bir dil olmaktan çok öte, kullandığımız dili ve iletişim biçimimizi de içine alan bir bilinç, bir yaşama ve düşünme biçimi, bir içsel duruş ve manevi yol oluşuna sıkça vurgu yapıyor. Yüreğimizde ve yüreğimizdekinden hareketle dilimizde şiddetsizliğin açığa çıkması, bizden bu yönde güçlü bir niyete yerleşmemizi, teorik bilgiyi adım adım deneyime dökmemizi ve zorlandığımız alanlarda destek almamızı istiyor. Marshall Rosenberg'in kendi cümleleriyle aktaracak olursak, onunla yapılmış bir soru-cevap oturumunun notlarından oluşan *"Pratik Maneviyat"*ta şunları söylüyor:

"İnsanların, Şiddetsiz İletişim'in temelinde maneviyatın yattığını görmelerini ve bu sürecin mekaniğini öğrenirken bu bilgiyi akılda tutmalarını önemli buluyorum. Gerçekten manevi bir pratik bu; ben de bunun bir yaşam biçimi olduğunu göstermeye çalışıyorum. Biz bu noktaya özellikle değinmesek bile insanlar uygulamadan çok etkileniyorlar. Şiddetsiz İletişim'i mekanik bir teknik olarak uygulasalar da, kendileri ile diğerleri arasında daha önce yaşama fırsatı bulamadıkları şeyler deneyimlemeye başlıyorlar."

Şiddetsiz İletişim'i öğrenme sürecini kimi zaman bir müzik enstrümanı çalmayı öğrenmeye benzetiriz: Bir enstrüman çalmak istiyorsak, o enstrümanla ilgili bilgi toplamakla kalmaz, ona dokunur, notalarını tıngırdatırız. Başlangıçta mekanik sesler çıkarma riskini göze alarak ve bolca deneme-yanılma yaparak acemiliğimizi geride bırakır, zaman içinde ustalaşıp doğal üslubumuzu buluruz. Benzer biçimde sizin de, bu kitaptaki zengin alıştırmalardan faydalanarak bol bol pratik yapmanızı, Şiddetsiz İletişim'in "notalarını tıngırdatmanızı", hayatın içinde denemeleriniz ve öğrenmelerinizle şiddetsizlik bilincini içselleştirip kendinize özgü doğal dilinizi geliştirmenizi ümit ediyoruz.

"Şiddetsiz İletişim: Bir Yaşam Dili" kitabının 2004 yılında Türkçede yayımlanmasından bu yana, Türkçe yazılı, görsel-işitsel kaynaklar çoğalıyor; topluluğumuzda nitelikli eğitmen sayımız artıyor; paylaşımlarımız derinleşiyor. Uluslararası Şiddetsiz İletişim eğitmenlerinden Lucy Leu'nun hazırladığı bu el kitabı da, bu topraklarda Şiddetsiz İletişim üzerine zenginleşen kaynaklarımızın en güncel örneklerinden biri...

Daha barışçıl bir dünya özleyen herkesin, yüreğindeki ve dilindeki şefkati açığa çıkarabileceği içsel gücü, rehberliği ve topluluk desteğini bulabilmesini diliyoruz.

Sevgiyle, dostlukla,

Kitabı Türkçe basıma hazırlayan,
Gizem, Deniz ve Vivet

Önsöz

Bu el kitabı Marshall B. Rosenberg'in *"Şiddetsiz İletişim: Bir Yaşam Dili"* kitabı ile birlikte kullanılmak üzere tasarlanmıştır. Kitapta, Şiddetsiz İletişim pratikleri için on dört haftalık bir program sunuluyor. Okurların, bu kitaba başlamadan önce Marshall'ın kitabını okumalarını öneririm.

Zürafalar ve Çakallar Üzerine Bir Not

Şiddetsiz İletişim birçok ülkede halk arasında "Zürafa Dili" olarak bilinir. Marshall, yaşamın her alanında şefkat ve keyif dolu ilişkilere ilham veren bir dil olan Şiddetsiz İletişim'in sembolü olarak, kara hayvanları arasında en büyük kalbe sahip olan zürafayı seçti. Uzun boyu sayesinde zürafa, Şiddetsiz İletişim gibi, uzakları görebilen bir bakış açısına sahiptir; gelecekteki olasılıklar ve düşüncelerimizin, sözlerimizin, eylemlerimizin sonuçları hakkında farkındalığı yüksektir. Şiddetsiz İletişim dili, duyguların ve ihtiyaçların ifade bulmasına vurgu yaparak bizi kırılganlığa davet eder ve bu kırılganlığı güce dönüştürür. Zürafanın uzun boynu bize bu önemli kırılganlık niteliğini hatırlatır.

Marshall, bizi kendi duygu ve ihtiyaçlarımıza yönelik farkındalığımızdan ve başkalarının duygu ve ihtiyaçlarından koparan düşünme, konuşma ve davranış biçimimizi temsil etmek için ise çakalı sembol olarak seçti. *Zürafa* sözcüğü bazen Şiddetsiz İletişim kavramının ikamesi olarak kullanılır; aynı zamanda Şiddetsiz İletişim uygulayan bir kişiye de atıfta bulunabilir. "Zürafa" ve "çakal" bağlamında, çakal sadece dil sorunu olan bir zürafadır. Çakal bize dosttur; olduğumuz gibi devam edersek ihtiyaçlarımızı karşılamamızın olası olmadığı mesajını verir. Yanık acısı, elimizi sıcak sobadan çekmemizi hatırlattığı için nasıl bizim dostumuzsa, çakal da kendimize zaman tanımanın ve ağzımızı açmadan önce zürafaca duyup düşünmenin bir yolunu bulmanın önemli olduğunu bize hatırlatır. Şiddetsiz İletişim pratiği, "çakallarımızı" tanımak, onları farkındalığa davet ederek bizi duygu ve ihtiyaçlarımıza yönlendirmelerine izin vermek, böylece onlarla dost olmak demektir. Bunu mümkün olduğunca şefkatli ve ahlakçı yargılardan uzak biçimde yaptığımızda, her zamankinden daha tatmin edici hayatlar yaşarız.

Birçok kişi için, zürafa ve çakal kuklalarının kullanımı bu iki parçamızı (ya da bu iki düşünme ve konuşma biçimini) ayırt etmeye yardımcı olan, Şiddetsiz İletişim pratiğine netlik ve oyun katan etkili bir öğrenme sağlar.

Hatırlatmak isteriz: Uluslararası Şiddetsiz İletişim Merkezi'nin (CNVC) *zürafa* imgesini ve terimini kullanması, kendi eğitimlerini ve eğitsel materyallerini üreten ayrı bir kuruluş olan Zürafa Projesi ile hiçbir şekilde bağlantılı değildir. Bazı ülkelerde ise Şiddetsiz İletişim eğitmenleri zürafa ve çakaldan başka hayvanlar kullanır. Türkçe'de "Zürafa Dili", "Şefkatli İletişim" ve "Şİ" kavramları, "Şiddetsiz İletişim" ile eş anlamlıdır.

Bu el kitabının önceki baskılarında, metin boyunca *zürafa* ve *çakal* sözcükleri kullanılmıştır. El kitabının dünya çapında yaygınlaşan kullanımı ve bu iki kavramın kitabın geri kalanında kolayca tercüme edilememesi veya hiç tercüme edilememesi nedeniyle, bu kavramların yerini gerçek tanımlamalar almıştır.

Teşekkür

Başlangıçta, bu el kitabındaki alıştırmalar, cezaevine düşmüş, eğitim kaynaklarından uzakta kalmış ve Şiddetsiz İletişim'i parmaklıklar ardında pratik etmeye niyet eden kişilerden ilhamla ve bu kişiler için yazıldı. Ardından bu alıştırmalar daha geniş toplulukta, başlarında tek bir eğitmen veya lider olmadan Şiddetsiz İletişim'i pratik etmeye odaklanmış "lider dolu" alıştırma gruplarını desteklemek için bir el kitabı haline getirildi.

Marshall Rosenberg'e Şiddetsiz İletişim'i hayata geçirdiği ve uzun yıllar boyunca bana cesaret ve güven verdiği için şükranımı ifade etmek istiyorum. Bir Şiddetsiz İletişim uygulayıcısı olarak gelişimimde, bilhassa oğlum Felix'e, eşim Peter'a ve Zürafa topluluğunda yaşayıp çalışmanın hazineleriyle beni buluşturan Puget Sound'daki diğer Zürafalara sonsuz minnet ve şükran doluyum.

BÖLÜM I

Şiddetsiz İletişim Yardımcı El Kitabı'nı Kullanmak

Şiddetsiz İletişim Yardımcı El Kitabı'nı Kullanmak

Yardımcı El Kitabı'nın Amacı

Bu el kitabı Marshall B. Rosenberg'in *"Şiddetsiz İletişim: Bir Yaşam Dili"* kitabıyla birlikte kullanılmak üzere tasarlandı. Kitap, şu kişilere hitap etmeyi amaçlıyor:

1. Şiddetsiz İletişim'e yeni başlayan, bu yaklaşımın temel ilkelerini kendi başlarına veya bir grup ortamında öğrenmek ve uygulamak için kapsamlı bir program arayan kişiler. Şiddetsiz İletişim, yeni düşünme ve konuşma alışkanlıklarının geliştirilmesini gerektirir. Şiddetsiz İletişim kavramlarından ne kadar etkilenmiş olsak da, yaşamlarımızın dönüşümü ancak pratik etme ve uygulama yoluyla mümkün olur. Bu program, okuyucuyu bireysel veya grup içi deneyiminde on dört haftalık bir öğrenme ve pratik süreciyle destekliyor. Sunduğumuz içerik, ayrıca on dört aya yayılan, odaklı bir pratik imkanı da sunuyor. İlk yöntemde bir hafta için önerilen pratikler bu ikinci yöntemde bir aya yayılıyor. Yardımcı El Kitabı'nı böyle ileri seviyede adanmışlık içine girerek kullananlar, sürekli derinleşen bir akıcılığın ve bağlantı kapasitesinin tadını çıkaracaklar.

2. Düzenli grup çalışması yapmak isteyen kişiler. Bu el kitabı şunları sunar:

- Bir alıştırma grubu başlatmak için rehberlik
- On dört oturum için içerik ve yapı
- "Lider dolu[*] alıştırma çemberi" düzenlemeye yönelik öneriler ve düzenli çalışan gruplar için etkinlikler
- Şiddetsiz İletişim alıştırma gruplarında sıkça yaşanan zorlukların belirlenmesinde ve ele alınmasında destek

3. Yaşamları Şiddetsiz İletişim'in dokunuşuyla değişmiş ve bu armağanı elden ele başkalarına da vermek isteyen kişiler. Grup liderleri ve öğretmenler bu müfredatı kendi programlarını geliştirmek için bir kaynak olarak kullanabilirler.

Yardımcı El Kitabı'nın bu baskısının, grup pratiği ve etkinlik bölümlerinin yanı sıra bireysel pratikleri destekleyecek şekilde elden geçirildiğini göz önünde bulundurmanızı rica ediyoruz. Bu alanlar ◉ sembolüyle işaretlendi.

Yardımcı El Kitabı'nı Kullanmaya Dair Öneriler

Bu programda, Şiddetsiz İletişim'in temellerine yönelik kapsamlı bir içerik sunan, Marshall B. Rosenberg'in *"Şiddetsiz İletişim: Bir Yaşam Dili"* kitabının on dört bölümü ile bağlantılı on dört çalışma bulunuyor. Her hafta bir bölümü tamamlamayı hedefleyin: Bu süre, düzenlilik sağlayıp yeni materyali özümsemenize imkan verecek kadar uzun, daha önce öğrenilenleri unutmanıza yol açmayacak kadar da kısadır.

Yardımcı El Kitabı'nda kullanılan *Marshall* sözcüğü Marshall B. Rosenberg'e, *kitap* sözcüğü ise onun *"Şiddetsiz İletişim: Bir Yaşam Dili"* kitabına atıfta bulunuyor. Kitabın çeşitli baskıları farklı bölümler ve sayfa

---

(*) Yazar, katılımcıların liderliği dönüşümlü olarak üstlendikleri ve tüm üyelerin çemberin amacını, doğasını ve yönünü belirleyip gerçekleştirme sorumluluğu aldıkları için birer lider olduğu grupları bu şekilde tanımlıyor. Yazarın "leaderful" tabirini Türkçede "lider dolu" olarak kullanmayı seçtim. (Ç.N.)

sayıları içerdiği için, bu çalışma kitabında kitabın belirli bir bölümünden söz ederken sayfa numarası yerine bölüm adını ve alt başlığı belirtiyoruz.

1. Önce kitaptan bir bölüm okuyun.
2. Yardımcı El Kitabı'nda Bölüm IV'te bulunan, konuyla ilgili bireysel ev çalışmasını açın. Her çalışma iki kısımdan oluşur:

   "**Gözden Geçirme**", ilgili bölümde okuduklarınızı gözden geçirmek veya hatırlamak için kullanabileceğiniz, içeriğe dair bir dizi basit sorudan oluşur. Çoğu okuyucu, bölümü okuduktan sonra kendisini test etmek ve öğrendikleri üzerine hafızasını yoklamak için bu sorulardan yararlanır. Bazıları ise, içeriğe daha rahat odaklanmak ve okuduklarını daha iyi hatırlamak için, bölümü okurken sorulara yanıt verirler. Bu sorulardan, öğrenmenizi en iyi şekilde destekleyecek biçimde yararlanmayı (veya yararlanmamayı) seçebilirsiniz.

   "**Bireysel Pratik**", okuduklarınızı uygulamaya yönelik alıştırmalar ve etkinliklerden oluşur. Bu pratiklerde kendini gözlemleme, bir konuda tefekkür etme, uygulama ve rol oyunları gibi çalışmalar bulunur. Bunların çoğu tek seferde tamamlanabilir; bazıları ise sizden bir hafta boyunca konuya zaman ayırmanızı ister. Bir çalışmayı bitirdiğinizde, bir sonraki haftanın çalışmasına hızlıca göz atmak ve tamamlanması birkaç gün gerektirebilecek herhangi bir etkinlik olup olmadığına bakmak isteyebilirsiniz.

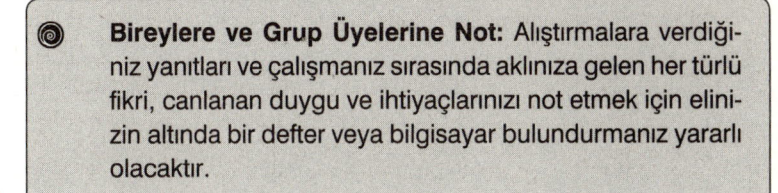

> **Bireylere ve Grup Üyelerine Not:** Alıştırmalara verdiğiniz yanıtları ve çalışmanız sırasında aklınıza gelen her türlü fikri, canlanan duygu ve ihtiyaçlarınızı not etmek için elinizin altında bir defter veya bilgisayar bulundurmanız yararlı olacaktır.

3. Bir grupla çalışıyorsanız, buluştuğunuzda Liderin Kılavuzunda sunulan alıştırmaları kullanacaksınız. Başlamadan önce, grup kurma, yapı oluşturma, amacımızı hatırlama, çembere

liderlik etme, kurallar ve geri bildirim hakkında bilgi edinmek için Bölüm III'ün (Birlikte Pratik Yapmak) A-F kısımlarını okuyun. On dört hafta süren pratikler boyunca, diğer kısımlarla (G-K) ilgili konular canlandıkça bu sayfaları okuyun. Buluşmalarınızda ortaya çıkabilecek konuları kapsayan bu kısımlar, grup içinde çatışan ihtiyaçlar gibi görünebilen meseleleri ele alırken Şiddetsiz İletişim sürecinin ruhuna bağlı kalmanın yollarına dair bazı fikirler sunar.

> 4. Tek başınıza pratik yapıyorsanız, tamamladığınız bölüm ve çalışmaya karşılık gelen Liderin Kılavuzuna ve Örnek Yanıtlara bakın. Bu alıştırmalar ve etkinlikler, bireysel kullanımınız için kolayca uyarlanabilir ve yapabileceklerinize dair örnekler içerir. Alıştırmayı tamamladıktan sonra, her bölüm için Liderin Kılavuzunun devamında bulunan Örnek Yanıtları incelemek isteyebilirsiniz.

BÖLÜM II

Tek Başına Pratik Yapmak

Tek Başına Pratik Yapmak

Şiddetsiz İletişim'i öğrenirken, bir yabancı dil öğrenirken olduğu gibi önce kavramları kavrayın; tabiri caizse dilbilgisini öğrenin; ardından düzenli pratik yapın. Neyse ki, yabancı dillerden farklı olarak Şiddetsiz İletişim'i her yerde ve herkesle uygulamak mümkün. Pratik yapmak için bir Şiddetsiz İletişim dostuna ihtiyacımız yok: Bankada çek bozdurduğumuz sırada, telefonumuzu çaldıran yeni bir pazar araştırmacısı yemeğimizi böldüğünde, televizyonda kampanya konuşmaları dinlediğimizde, polis memuru bizi durdurduğunda ve benzeri durumlarda pratik yapabiliriz. Bu yaklaşımı ebeveynlerimizle ve çocuklarımızla, iş arkadaşlarımızla ve patronlarımızla, arkadaşlarımızla, eşlerimizle, yabancılarla, düşmanlarımızla ve en önemlisi kendimizle uygulayabiliriz.

Yoğun hayatlar yaşayan çoğumuz, bir şeye zaman ve enerji yatırımı yaptıktan sonra devam etmekte zorlanıyoruz. Bu yardımcı el kitabı, Şiddetsiz İletişim pratiğinizi başlatmak için on dört haftalık bir süreç tasarlamanıza yardımcı olacak içerikler sunuyor. Okumaları ve çalışmaları tamamladıktan sonra, Şiddetsiz İletişim kavramlarını anladığınız konusunda kendinize güven duyacağınızı ve kendinize özgü bir pratik programı geliştirip uygulayabilmek için alıştırma yaklaşımlarına yeterince aşinalık kazanmış olacağınızı umuyoruz.

Kendi başınıza bir öğrenme veya pratik sürecine adım atarken, sağlamayı umduğunuz fayda, yerine getirmeye istekli olduğunuz taahhütler, ayıracağınız zaman ve çalışma düzeniniz konusunda net olmanız yararlı olacaktır. On dört haftalık bir öğrenme sürecine başlayan bir birey olarak, hedeflerinizi netleştirmek için zaman ayırmak ve belirli pratik zamanlarına sadık kalmak, başarı sağlamanıza yardımcı olabilir. Alıştırma yapmaya yönelik hedeflerinizi ve taahhütlerinizi not etmek ve gelişiminizi düzenli olarak gözden geçirmek, bu taahhütleri yerine getirmek için başkalarının sizi desteklediği grup çalışmalarında alacağınız teşvikin yerini bir nebze doldurabilir. Şiddetsiz İletişim kavramları hakkında daha derin bir anlayışa kavuşmak ve bu yaklaşımı uygularken daha akıcı hale gelmek isteyen pek çok kişi bu yardımcı el kitabını başarıyla kullandı; böylelikle hem kendileriyle hem başkalarıyla empati ve dürüstlük temelli ilişki kurmak için kapasitelerini artırmaları mümkün oldu.

Çalışma kitabında, Bölüm IV üç bileşene sahiptir: Bireysel Ev Çalışmaları, Liderin Kılavuzu ve Örnek Yanıtlar.

Bireysel Ev Çalışmaları – Bunlar "Gözden Geçirme" ve "Bireysel Pratik" konulu birer alıştırmadan oluşur. Bu alıştırmaların her biri, bireysel olduğu kadar grup pratikleri için de kullanılabilir.

Liderin Kılavuzuna Örnek Yanıt - Bu kısımlar grup deneyimi için tasarlanmış olmakla birlikte, bireysel kullanıma da kolaylıkla uyarlanabilir. Bu kısımlarda, bireysel çalışmalarınıza yardımcı olmak için ◉ sembolüyle notlar ekledik. Ek olarak, her etkinliğin yönergesini okuduktan sonra, "içsel diyaloğu" dinlemek için ara verin.

Bu yardımcı el kitabındaki alıştırmalardan maksimum düzeyde yararlanmak için planlanmış bir rutin oluşturmayı ve bu rutine bağlı kalmayı gündeminize alın. Yola çıkarken niyetiniz ne kadar iyi olursa olsun, fazla esneklik tüm programları dağıtabilir. Ayrıca şu öneriler de size yardımcı olabilir:

- Şiddetsiz İletişim pratiklerinize ayrılmış fiziksel bir alan yaratın. Günlük veya haftalık çalışmalarınızda yapmak istediğiniz alıştırmalara odaklanmak için ihtiyaç duyduğunuz sessizliği ve düzeni sağlayan bir mekan seçin. Açık havada huzurunuzu ve farkındalığınızı destekleyen bir yer bulmak isteyebilirsiniz. Ya da yaşam alanınızın bir bölümünde şiirlerle, resimlerle, mumlarla veya bu çalışmayı yapmak için motive olan yaratıcı ve tutkulu yanınızla temasta kalmanıza yardımcı olacak farklı nesnelerle özel bir köşe oluşturabilirsiniz.

- Kendi dünyanızda çevrenizle etkileşime girerken yanınızda bir defter veya elektronik cihaz taşıyın. Gün içinde, daha sonra ele almak istediğiniz herhangi bir düşünceyi veya etkileşimi size hatırlatacak ve sizin için zihinsel birer "yer imi" görevi görecek birkaç sözcüğü not almak üzere birkaç dakikanızı ayırın.

BÖLÜM III

Birlikte Pratik Yapmak

Birlikte Pratik Yapmak

A – Bir Alıştırma Grubu Kurmak

Bir gruba katılırken veya grup oluştururken, hangi kazanımları edinmeyi umduğunuz ve neler sunmaya hazır olduğunuz konusunda netlik kazanmanız faydalıdır. Şiddetsiz İletişim alıştırma gruplarının pek çoğu birkaç amaca hizmet eder; bununla birlikte gruplardan biri süreci uygulamakta akıcı hale gelmeye odaklanırken bir diğeri Şiddetsiz İletişim ruhundan ilham alan bir topluluk bilincini vurgulayabilir. Aynı şekilde, bir kişi alıştırma grubuna sınırlı zaman ve duygusal enerji ayırmak isterken, bir diğeri gruba büyük bir adanmışlıkla bağlı olabilir. Bu tür farklılıklar bir arada tutulabilir. Grup üyeleri beklentileriyle ilişkili ihtiyaçlarını hem bireysel hem kolektif düzlemde netlik ve dürüstlük içinde ifade edebilirlerse, farklılıkların kafa karışıklığına ve çatışmaya yol açma olasılığı daha düşük olur.

İnsanları bir alıştırma grubuna katılmak için harekete geçiren yaygın nedenler şunlardır:

- Şiddetsiz İletişim kavramlarını öğrenmek veya gözden geçirmek
- Süreci uygulamada akıcılık geliştirmek
- Benzer şekilde düşünen bir topluluğa dahil olarak pratikleri sürdürmede ve bağlılığı korumada destek almak
- Empati ve bağlantı ihtiyaçlarını karşılamak

- Şiddetsiz İletişim'le temellenen arkadaşlıklar geliştirmek
- Şiddetsiz İletişim'in amacından ve bilincinden ilham almak; bu amacı ve bilinci hatırlamak
- Öğretme veya liderlik becerilerini kullanarak Şiddetsiz İletişim'i paylaşmak; böylelikle hayata hizmet etmek ve topluluğa katkıda bulunmak

Alıştırma grubu kurmanın yollarından biri, Marshall Rosenberg'in bir Şiddetsiz İletişim videosunu izlemek üzere bazı insanları bir araya getirmek olabilir. Gruba, Şiddetsiz İletişim'e duyduğunuz ilginin ve bir grup kurmanın ardında yatan nedenleri aktarın. Videoda sunulan becerileri grup içinde birlikte edinmek üzere, kitabı ve yardımcı el kitabını kaynak alacağınızdan söz edin.

Şiddetsiz İletişim bilincini geliştirmek ve uygulamak isteyen pek çok kişi olduğu gibi, bir alıştırma grubunu yapılandırmanın da pek çok yolu vardır. Yapıya ilişkin deneyler yapmanıza yardımcı olmak için burada ve Liderin Kılavuzunda öneriler bulabilirsiniz. "Daha önce hep gittiğiniz yoldan" farklı bir yolu seçme isteği, grubunuzun bireysel ve kolektif ihtiyaçlarını daha fazla karşılama olasılığını artırabilir. Hatırlayın ki, yapıya dair tartışmaları ve anlaşmazlıkları kucakladığınızda, her biriniz Şiddetsiz İletişim sürecini uygulamaya yönelik seçiminizi teyit edersiniz. Bazı gruplar, bu süreci önemli bir öğrenme kaynağı olarak kullanırken, Şiddetsiz İletişim ilkelerine bağlı kalıp becerilerde uzmanlaştıkça, herkesi tatmin edecek sonuçları birlikte yaratma kapasitesinin de aynı oranda arttığını fark ettiler.

Yardımcı El Kitabı'nın programıyla uyumlu ilerlemek için, en az on dört hafta boyunca haftada iki buçuk saat bir araya gelecek beş ila sekiz üyeden oluşan bir grup kurmayı değerlendirin.* İnsanların birbirini tanıması ve temel yapı, prosedürler ve kullanılacak materyaller (kitap ve yardımcı el kitabı) üzerinde anlaşmaya varmak için bir ön buluşma düzenlemek isteyebilirsiniz. Bu ilk buluşmada, Bölüm I: Bu Yardımcı El Kitabı'nı Kullanmak ve Bölüm III: Birlikte Pratik Yapmak'ın A-F kısımlarını birlikte gözden geçirmek faydalı olabilir.

*NOT: Yirmi iki hafta daha tercih edilen bir süredir; çünkü grubun temel programı tamamladıktan sonra sekiz hafta daha pratik yapmasını mümkün kılar. On iki kişilik büyük gruplar, dört kişilik küçük gruplar, iki haftada bir buluşabilen veya her seferinde sadece iki buçuk saat bir araya gelebilen başarılı gruplar olduğunu da bilmenizi isteriz.

Yardımcı El Kitabı'nın kullanımına eşlik etmek üzere önerilen bir yapı, "lider dolu alıştırma çemberi"dir. Çember, kapsayıcılığı, dengeli katılımı ve topluluğu çağrıştırır. Grubun her üyesinin çemberde kolaylaştırma, öğretme ve rehberlik etme konusunda katkıda bulunma ve pratik yapma fırsatına sahip olması için, liderliği dönüşümlü olarak üstlenmek mümkündür. Tüm üyeler, çemberin esenliği için sorumluluk almalarından dolayı birer liderdir. Çemberin amacını, doğasını ve yönünü belirleyip gerçekleştirme görevi herkese aittir.

"Lider dolu çemberler", Şiddetsiz İletişim eğitmenlerinin bulunduğu topluluklarda, bu eğitmenleri oturumların belirli bölümlerini yönetmek üzere davet ederek onların deneyimlerinden faydalanabilir. Bu şekilde, üyeler çemberi "sahiplenmeye" ve liderliği elden ele dolaştırmaya devam ederken, konuk mentörlerine net ricalarda bulunma sanatını da icra etme imkanı bulurlar.

B – Amacımızı Hatırlamak ve Kendimize Zaman Tanımak

Öğrenme sürecimizde topluluğu laboratuvarımız olarak seçerek, kendimizi yalnızca insani bağlantıların güzelliğine ve gücüne değil, aynı zamanda birbirimizle etkileşimlerimiz sırasında karşılanmayan ihtiyaçların acısına da açıyoruz.

Sevinçler kadar üzüntüleri de tam olarak kucaklayabilmek ve birbirinizle geçirdiğiniz zaman boyunca yaşadığınız deneyimlerle büyüyüp gelişmek için şunları deneyin:

1. Birlikte olmanın amacını hatırlayacak yollar bulun.

Örneğin, paylaştığınız zamanın ve alanın çerçevesini şu şekilde açıkça çizebilirsiniz:

a. Bilinçli olarak her toplantıyı bir okuma parçası, mum, müzik, hikaye, sessizlik, çan vb. ile açıp kapatmak.

b. Her birimizin içindeki sonsuz şefkatin, "ben" ve "onlar" ayrımının olmadığı o yerin hatırlatıcısı olarak bir "çember göbeği" (resim, çiçek, şiir vb. ile) oluşturmak.

Ayrıca kendinize, yaşama, başkalarına, birbirinize, gruba vb. takdir sunmak ve büyük - küçük mucizeleri ve başarıları kutlamak için çeşitli fırsatlar yaratabilirsiniz.

KENDİNİZE ZAMAN TANIMAYI UNUTMAYIN!

2. Kendinize zaman tanıyın.

Kalpten konuşmayı öğrenirken bir ömür boyu edindiğimiz alışkanlıkları değiştiriyoruz. Otomatik pilotu bilinçli konuşma ile değiştirmenin birer işareti olan kekelemeleri, tökezlemeleri ve sessizlikleri kendimizde ve birbirimizde hoş karşılayabiliyor muyuz? Kendimize aşağıdaki gibi sorular sorduğumuzda, ifadelerimizi belirlemek gerçekten daha fazla zaman alabilir:

- "Burada aslında neye tepki veriyorum?"
- "Şu anda ağzımı hangi niyetle açıyorum?"
- "Şimdi içimde hangi duygular canlı?"
- "Bu acil isteğimin ardındaki ihtiyaç ne?"
- "Karşımdakinden net bir ricada bulunuyor muyum?"

Buluşmalarımızda tempoyu yavaşlatmayı teşvik edebiliriz; örneğin:

- İnsanların kendileriyle bağlantı kurmaları için sessizlik anlarına yer açmak.
- Buluşmanın bazı bölümlerinde bir konuşma çubuğunu (veya başka bir nesneyi) elden ele dolaştırmak. Çubuğu elin-

de tutan kişi, acele etme baskısı yaşamadan çemberin özenli sessizliğini bir armağan olarak alır. Genellikle konuşan kişinin sözü kesilmeden ve söylediklerine bir yorum yapılmadan çubuk bir yöne doğru elden ele geçirilir. Sırası gelen kişi konuşmayı seçebilir veya çubuğu sessizce tutabilir ve konuşmadan bir sonrakine uzatabilir.

- Birisi konuştuktan sonra ve bir başka kişi söz almadan önce konuşanın söylediklerini tekrarlamak, başka sözcüklerle ifade etmek veya Şiddetsiz İletişim'e tercüme etmek. Bu, özellikle grupta birden fazla kişi duygusal yoğunluk yaşadığında yardımcı olabilir. Grup, pratik yapmak için bir buluşma sırasında bu şekilde iletişim kurmaya belirli bir süre ayırabilir. Bu aynı zamanda dinleme becerimizi geliştirmenin de etkili bir yolu olabilir.

- Birisi sözünü bitirdikten sonra, konuşmaya başlamadan önce iki uzun nefes almak.

> 3. **Bireysel olarak ne yapılabilir?**
> Maksatlı çalışmanızın bir parçası olarak, grup içinde olduğu kadar bireysel olarak da Amacınızı Hatırlamak ve Kendinize Zaman Tanımak önemlidir. Ailenize, arkadaşlarınıza ve iş arkadaşlarınıza yanıt verirken kendinize zaman tanımayı pratik edin.

C – Alıştırma Çemberini Yönetmek

Her katılımcı, kendine özgü oturum yönetme biçimini çembere getirirken gruba hizmet etme ve kendini ifade etme fırsatına sahip olur. Katılımcılar liderliği dönüşümlü olarak üstlendikleri için, risk almak ve çeşitli liderlik tarzlarını denemek konusunda kendilerini daha özgür hissedebilirler. Bir liderin ciddiyete eğilimi ile diğerinin hafifliğe eğilimi, zaman içinde gruba denge ve çeşitlilik sunmak amacıyla birleşebilir.

Liderler çembere dört şekilde hizmet ederler:

1. Bir alan oluşturarak, yavaşlamayı hatırlayarak, takdir ifade etmek için fırsatları görerek, vb. çemberin amacını gözetirler.
2. Grubun pratik ve lojistik ihtiyaçlarını dikkate alırlar.
3. Yapıyı (çalışmaların zamanlaması, vb.) planlarlar ve sürecin başından sonuna gruba rehberlik ederler.
4. Haftanın konusunu (veya ele alınacak herhangi bir materyalin içeriğini) incelemek için ekstra çaba harcarlar, böylece konuya onlar kadar aşina olmayanlar için bir kaynak olabilirler.

Liderlerin elinde, bu dört alanla çalışmak veya oynamak için sayısız yol vardır. Tecrübeli liderlerin, deneyimlerini bütünsel olarak alana dahil etmeleri sayesinde çemberin onların ustalığından, içgörülerinden ve geçmiş hatalarından faydalanması mümkün olur. Aşağıdaki "Çember Liderliği için Öneriler ve Örnek Format" metni, liderlik ve kolaylaştırıcılığa yeni başlayanların keşiflerinde ve denemelerinde yararlanacakları bir kılavuz görevi görebilir. İhtiyaç bilincine köklenerek, bir çemberi yönetmenin "doğru" ve "yanlış" bir yolu olmadığını kendimize hatırlatabiliriz. Olan şey sadece şudur: Benim tarzım (bugün, geçen ay), senin tarzın (geçen hafta, geçen yıl), karşılanan ihtiyaçlar, karşılanmayan ihtiyaçlar…

Çember Liderliği için Öneriler ve Örnek Format

Aşağıdaki bölüm, iki buçuk saatlik bir çembere liderlik etmek için öneriler ve örnek bir format içerir.

Liderlik ettiğiniz ilk buluşma için aşağıdaki önerilere yönelik ayrı birer kâğıt hazırlamanız faydalı olabilir:
- Önerilen adımları tamamladıkça bunlara dair notlar alın
- Aynı hedeflere farklı yollardan ilerleyebileceğiniz alternatif fikirler yazın
- Çemberde belirli bir noktada ne söylemeyi planladığınızı not edin
- veya kendi planınızı oluşturun.

Buluşmadan önce
1. İlgili bölümü okuyun; yazılı çalışmayı yapın veya grubun ele almaya karar verdiği materyal üzerinde çalışın.
2. Buluşma için bir plan oluşturun –ne, ne zaman ve nasıl olacak– veya aşağıda ana hatları verilen örnek formatı kullanın.

Buluşma gününde
1. Alanı hazırlama
 Herkesin birbirini görebilmesi için çember şeklinde oturma düzeni yapmak üzere on beş dakika erken gelin. İçecek sunulacaksa bardakları, çayı vb. önceden hazırlayın. Eğer çember göbeğiniz, posterleriniz vb. olacaksa bunları düzenleyin. Herkesin görebileceği bir saat bulundurmak faydalı olabilir.

2. Selamlama
 Gelen her kişiyi karşılayın.

3. Kendinizle bağlantı kurma
 Başlamaya hazır olduğunuzda, kendinizle bağlantı kurmak için otuz saniye ayırın: "Şu anda ne hissediyorum ve neye ihtiyacım var?" Grupla yapacağınız paylaşımın ardındaki amaca bağlanın. Bir an durup sadece ve bütünüyle mevcut olun.

4. "Hatırlama"
 Grubu bir araya getirin. Kim olduğumuzu ve neden burada olduğumuzu hatırlamamıza yardımcı olmak için bir dakika ayırın. İster mevsimlerin değişmesi ister denizaşırı komşuların bombalamaları olsun, yaşam ağına bağlı hissetmeniz için size ilham veren ne varsa ona odaklanın.

5. Çemberi açma
 Katılımcıları, o anda içlerinde canlı olanı paylaşarak "check-in" yapmaya davet edin. Alternatif olarak, "Bu hafta Şiddetsiz İletişim'le ilgili ne tür içgörüleriniz ve deneyimleriniz oldu?", "Bu hafta kutlamak istediğiniz bir şeyi paylaşır mısınız?" gibi bir soru sorarak katılımcılardan gelen yanıtlarla açılış çemberi yapabilirsiniz. Paylaşımlar için toplam ne kadar zaman ayır-

dığınızı söyleyin; ardından her kişinin kaç dakika söz almasını istediğinize dair genel beklentinizi ifade edin. Turu saat yönünde veya aksi yönde döndürün. Grubun sırası gelen kişiye dikkat vermesine olanak sağlayın. Ya bir konuşma nesnesi kullanın ya da bir sonraki kişi söz almadan önce konuşan kişinin tamamlandığını belirtmesini sağlayacak bir sözcük, ses veya işaret kullanmayı önerin. Katılımcılara, konuşurken duygu ve ihtiyaçları ile bağlantı kurmalarını hatırlatın.

Örnek: "Çemberi bir check-in turu ile açalım istiyorum. Bu paylaşım için yirmi dakika ayıralım - her birimizin yaklaşık üç dakikası olacak. Ben başlayacağım ve sonra bu 'konuşma çubuğunu' saat yönünde benden sonraki kişiye uzatacağım. Konuşurken duygu ve ihtiyaçlarımızla bağlantımızı korumayı pratik edelim. Sıra size geldiğinde söz alabilir ya da elinizde tuttuğunuz konuşma çubuğunu sizden sonraki kişiye vermeye hazır oluncaya kadar sessizliğin tadını çıkarabilirsiniz.

NOT: Tur tamamlandıktan sonra, kırılgan bir paylaşım yapmış olan bir katılımcının hâlâ yoğun duygular taşıdığını sezerseniz, ona yönelmek, ifade ettikleri için teşekkür etmek, duygu ve ihtiyaçlarıyla empati kurmak veya sizde uyananları ifade etmek isteyebilirsiniz.

Devam etmeden önce, buluşmanın devamı için akıştan kısaca söz edin.

6. İlk çalışma veya pratik oturumu için yaklaşık kırk beş dakika ayırın. (Bu adıma muhtemelen buluşma başladıktan yaklaşık yarım saat sonra geçilecektir.)

7. Buluşma ortasında, istenirse kısa bir mola verin.

8. Kırk beş dakika daha ikinci bir çalışma veya pratik oturumu ile devam edin. (Buluşmanın çalışma veya pratik oturumlarını planlamak için Liderin Kılavuzunu kullanın.)

9. Geri bildirim, takdir ve kapanış (bu bölüme yirmi ila otuz dakika ayırmayı düşünün). Buluşmayı başka bir "tur" ile bitirin. Katılımcıların çalışma veya pratik oturumu sonrası kapa-

nışa geçiş yapmaları için bir dakikalık sessizlik isteyebilirsiniz. Onları, içlerinde herhangi bir nedenle canlı olabilecek şükran duygusuyla bağlantı kurmaya davet edin. Çembere bu şekilde hizmet etme fırsatı bulduğunuz için sizde şükran uyanıyorsa, bu duyguyla temasa geçin.

Yeniden söz aldığınızda, buluşma hakkında geri bildirim isteyin. Bu ricada bulunurken kaygılanıyorsanız, duygu ve ihtiyaçlarınızı ve bu ihtiyaçları gözetebilecek ricanızı ifade etmeye çalışın.

Çemberi sözcüklerle, müzikle, sessizlikle, şiirle, el ele tutuşarak veya seçtiğiniz başka bir yolla resmî olarak kapatın.

10. Buluşma sonrası detaylar
   a. Bir sonraki buluşmada kimin lider olacağını belirleyin ve diğer pratik detayları ele alın.
   b. Buluşmada yaşanan deneyim zihinlerde hâlâ tazeyken herkesten bir "Bireysel Geri Bildirim Formu" (bkz. Ek 5) doldurmak üzere beş dakika ayırmasını isteyin.
   c. Temizlik, toparlanma, vedalar, mekandan ayrılış.

Buluşmadan sonra

Çembere liderlik etmekle ilgili nelerin hoşunuza gidip gitmediğini, nelerin işe yarayıp yaramadığını ve bir dahaki sefere neyi farklı yapmak isteyeceğinizi kendinize sormaya zaman ayırın. Grup üyelerinin sizin için yazdığı Bireysel Geri Bildirim Formlarını okuyun. Deneyiminiz üzerine tefekkür etmek için kendi Bireysel Geri Bildirim Formunuzun arka sayfasını kullanın.

Biraz empati veya anlayışa ihtiyaç duyduğunuzu seziyorsanız, sizi iyi dinleyen bir arkadaşınıza başvurabilirsiniz. Acınız, çemberde bulunan birinin sözleri veya davranışlarıyla ilişkiliyse, bir yandan empati ve destek ihtiyaçlarınızı karşılarken diğer yandan çemberdeki güveni nasıl koruyacağınızı da dikkate alın.

Çember liderliğinizden dolayı kendinizi neşeli, mutlu veya gururlu hissediyorsanız, büyümenizi ve başarınızı takdir etmenin yollarını bulun. Bir sonraki haftanın Açılış Çemberinde kutlamanızı paylaşmak isteyebilirsiniz.

D – "Bir Alıştırma Grubu Liderinde Değer Verdiğimiz Nitelikler"

ABD'nin Seattle kentinde Şiddetsiz İletişim'i hayatlarında uygulayan otuz kişi, "Bir alıştırma grubu liderinde hangi nitelikleri önemli buluyorum?" konusunu birlikte ele aldı. Aşağıda onların tartışmasının bir özetini bulabilirsiniz. Bir gruba liderlik edecekseniz, katılımcıların değer verdiği nitelikleri kendinize hatırlatmak için bu listeden yararlanabilirsiniz. Bu listeyi, belirli bir oturumdan sonra liderliğinizin çeşitli yönleri hakkında katılımcılardan geri bildirim almanın bir yolu olarak da kullanabilirsiniz.

Aşağıdaki alıntılarda bahsi geçen liderlerle kendinizi karşılaştırmayın. Öyle insanlar yok.

- **Grubumuzu amacımızla hizalı tutan liderlere değer veriyoruz.**
  "Odağını koruyor, kopuklukları takip edebiliyor ve bizi asıl konuya noktaya geri getirebiliyor. Oturuma kararlaştırılan zamanda başlıyor ve zamanı iyi takip ediyor."

- **Konuya odaklanma ile sürece dikkat verme dengesini tutturan ve net bir yapı sunan, aynı zamanda gerektiğinde bunu bırakabilen liderlere değer veriyoruz.**
  "Buluşma akışını takip ederken ânın kalitesinden de ödün vermiyor. Mevcudiyetini ve topraklanmış halini koruyor; olumlu bir atmosfer oluşturan bir ton belirliyor." "Süreç ve yapı konusunda esnek davranarak herkesin ihtiyaçlarını gözetiyor."

- **"Gruba "hizmet ederek liderlik edenlere" değer veriyoruz.**
  "Bizim neye ihtiyaç duyduğumuzu öğrenmeye hevesli ve geri bildirime açık. Grubun ihtiyaçları onun için önemli."

- **Grup dinamiklerine önem veren liderlere değer veriyoruz.**
  "Gruptaki herkesi ve katılımcılar arasındaki etkileşimi gözlemliyor. Süreci kolaylaştırmaya destek oluyor; katılımcıların üzerinde hakimiyet kurmadan veya grubu "sahiplenmeden"

grup sürecini teşvik ediyor. Grubun ilerlemesine veya durmasına yardım etmeyi biliyor."

- **Gruptaki güvenlik ihtiyacının farkında olan ve kapsayıcılığı vurgulayan bir alan yaratan liderlere değer veriyoruz.**
  "Herkesi katılıma teşvik ediyor; herkesin konuşma ve duyulma imkanına sahip olmasını sağlıyor. Grubun birkaç kişinin tahakkümü altına girmemesi için denge kuruyor." "Duygusal bakımdan güvenli bir ortam sağlıyor; katılımcıların kendilerini ifade edecekleri ve hakiki olabilecekleri şekilde güçlü hissetmeleri için ortamda bulunanların tam katılımını sağlıyor."

- **Şefkatin canlı örneği olan liderlere değer veriyoruz.**
  "Açık, empatik ve sabırlı. Yargılamadan dikkatle dinliyor."

- **Oyunbaz olan ve liderlik etmekten keyif alan liderlere değer veriyoruz.**
  "Mizahtan anlayan ve neşeli biri."

- **Tevazu gösteren, kendi sınırlılıklarını kabul etmeye istek duyan ve risk almaya cesareti olan liderlere değer veriyoruz.**
  "Kırılganlığını gösteriyor, kendi sınırlarını ve korkularını fark ediyor ve yardım isteyebiliyor. Bilmediği şeyleri kabul etme konusunda cesur davranıyor. Konfor alanından çıkıp konforsuz olduğu alanlara geçiş yapmaya açık."

- **Hazırlıklı gelen ve taahhütlerini yerine getiren liderlere değer veriyoruz.**
  "Buluşmalar için plan yapıyor, iyi organize oluyor ve liderlik üstlenmeye dair taahhüdünü ciddiye alıyor."

- **Bizi, kendimizi Şiddetsiz İletişim dilinde ifade etmeye yönlendiren liderlere değer veriyoruz.**
  "Sürecin içinde kalıyor; özellikle sürtüşme yaşandığında birbirimizin duygu ve ihtiyaçlarını net bir şekilde duymamıza yardımcı oluyor."

- **Bir alıştırma grubu liderinde değer verdiğimiz diğer nitelikler:**
  Netlik, Özgünlük, Dürüstlük, Yaratıcılık.

E – Kuralları Belirlemek

Alıştırma grubunuzla bir dizi kural üzerinde anlaşmak hepinize zaman kazandırabilir ve herkesin "aynı sayfada" olduğuna dair bir güvence kaynağı olabilir. Şiddetsiz İletişim alıştırma grubunuz veya kurumunuz için kurallar yayınlamayı düşünüyorsanız, aşağıdaki Şiddetsiz İletişim alıştırmasından yararlanabilirsiniz:

1. Kurallar, ihtiyaç karşılamaya yönelik stratejilerdir – kuralın arkasındaki ihtiyacı / ihtiyaçları fark edin ve ifade edin.

2. Kendinize şunu sorun: "Bu kural bir rica mı yoksa bir talep mi?" (Kurala dair herhangi bir "gerekli, zorunda, olmalı" düşüncesi fark eden var mı?)

Özellikle düzenli olarak bir araya gelen bir grupta, kurallardan ziyade duygular, ihtiyaçlar ve güncel ricalara dair süregiden diyaloglar daha fazla memnuniyet sağlayabilir - özellikle kurallar ihtiyaçlar üzerine bir grup tartışmasından çıkmadıysa bu geçerli olabilir. Bazen "kuralı çiğnemeyi" seçen biriyle karşılaştığımızda, kurallar bizi yargılamaya ve suçlamaya yöneltme eğilimindedir. Örneğin bir grup üyesi buluşmaları kaçırarak "bir kuralı çiğnediğinde", o kişinin eksikliği nedeniyle hissettiklerimize ek olarak, bir de grup kurallarına uyulmaması konusunda acı duyarız.

Bizde özellikle endişe yaratan, örneğin mahremiyet gibi bir ihtiyacımız varsa, herkesin "mahremiyet kuralı"nı kabul etmesine güvenmek yerine, kendimizi ifade etmeye çalışabiliriz: "İstediğimden farklı anlaşılmaktan veya görülmekten endişeleniyorum. Bazen bu çemberde hayatımla ilgili bir şeyler paylaştığımda söylediklerimi birinizin bir başkasına anlatmasından ve dinleyen kişinin benim hakkımda istemediğim bir izlenim edinmesinden korkuyorum. Sizden de duymak isterim - sizin de böyle korkularınız var mı?"

Diğer insanlar hakkında onların yokluğunda konuşmak gibi, korku tetikleyen belirli durumları grup içinde araştırmak için zaman ayırmayı rica edebiliriz. Bunu yaparken hangi ihtiyaçları karşılıyoruz? Bu ihtiyaçları başka hangi yollarla karşılayabiliriz?

Başkaları hakkında konuşurken daha derin bir niyet farkındalığı geliştirmemiz nasıl mümkün olabilir? Başkaları hakkında konuşurken niyetlerimizi gerçekleştirme konusunda birbirimizi nasıl destekleyebiliriz? Pratik buluşmaları devam ettikçe katılımcıların bu konuda rahat olup olmadıklarını nasıl anlayabiliriz?

Belirli stratejilerle kuralları özdeşleştirmek, mucizelerin yaşandığı dönüştürücü kalp alanından hasat almayı engelleyebilir; ki bu alan, bir dakika önce "böyle olmalı" diye düşündüğümüz şeyi, tüm ihtiyaçları karşılayabilecek stratejilerde muazzam bir bolluk olduğuna ilişkin kalbin derinliklerinden gelen, dönüşüm içeren bir farkındalık sonucu keyifle bıraktığımız yerdir.

Elbette, kuralların ve yasaların toplumumuzda önemli rol oynadığı bir gerçektir. Şiddetsiz İletişim'i uygulayanlar olarak, her kuralın ardındaki ihtiyacı olabildiğince net bir şekilde duymak için, karşımıza çıkan her kuralı tercüme edebiliriz. Daha da önemlisi, kurala uygun davranıp davranmama konusundaki seçimimizin altında yatan ihtiyaçla bağlantıda kalmaya çalışırız. Bir Şiddetsiz İletişim topluluğunda, aramızdan biri grup kurallarını birer talep olarak duyarsa ve sonra – eyvah ki eyvah – "kurallara uymayı" seçerse nasıl da büyük bir bedel ödeyeceğimizi biliyoruz.

F – Geri Bildirim Vermeye Davet Etmek

Sözlerimizin ve eylemlerimizin başkalarını nasıl etkilediğine dair net ve doğru bilgi, kişisel gelişim ve etkili iletişim kurma becerisi için temel kaynaklardan biridir. Şiddetsiz İletişim, kendi duygularımızın ve eylemlerimizin sorumluluğunu almanın önemini vurgular. Bu nedenle, sözlerimizin ve eylemlerimizin başkalarına kendilerini belirli bir şekilde "hissettiremeyeceği" veya onlara belirli bir şey yaptıramayacağı, diğer insanların duygularının kendi karşılanan veya karşılanmayan ihtiyaçlarından kaynaklandığı konusunda net oluruz.

Bununla birlikte, hepimizin başkalarının esenliğine (ya da aksine) katkıda bulunmak için muazzam bir güce sahip olduğunun da farkındayız. Hayata (kendi esenliğimiz kadar başkalarının da esenliğine) katkıda bulunmaktan keyif alıyorsak, katkıda bulunma niyetimizin gerçekleşip gerçekleşmediğini bize gösteren geri bildirimlere değer veririz. Midemdeki şişkinlik hissi, on kaplık bir ziyafet çekmenin geri bildirimi olabilir. Teslimatçının yüzünde gördüğüm gülümseme, ona kapıyı açık tutmamın geri bildirimi olabilir. Arkamdaki arabadan gelen korna sesleri, park yerinden nasıl geri geri çıktığıma dair bir geri bildirim olabilir.

Çoğumuz, eylemlerimizin hayata gerçekten katkıda bulunduğunu doğrulayan geri bildirimleri memnuniyetle karşılarız. Bununla birlikte, "olumsuz" geri bildirimleri yargı, kınama veya talep olarak duymayı seçersek, bunları alma konusunda pek hevesimiz olmayabilir. Ancak, şişkin bir mide, çektiğim ziyafetin bir yargısı, karnımı tıka basa doyurmayı seçmemden gelen bir kınama ya da kendimi bir daha asla şımartmama talebi değildir. Daima bir seçim gücümüz olduğunu ve geri bildirim veren kaynağın bizi asla farklı "davrandırmayacağını" aklımızda tutarsak, geri bildirimi yalnızca daha etkili kararlar almamıza yardımcı olan kıymetli bir bilgi olarak görebiliriz. Hatırlamakta fayda var ki, bir başkasının konumunu anlamak amacıyla onu dinlemeyi seçmek hiçbir şekilde ona uyum sağlamak veya onunla hemfikir olmak anlamına gelmez; yalnızca o sırada o kişinin içinde neyin canlı olduğunu doğru bir şekilde anlamak için onunla bağlantı kurmaya dair istekliliği ifade eder.

Bir Şiddetsiz İletişim alıştırma grubunda hepimiz şefkat, bağlantı ve iletişim kapasitemizi derinleştirme taahhüdünü paylaşırız. Böyle bir gruba dahil olmak, geri bildirime değer verenler için bir hazine olabilir. Her grup oturumunun sonunda değerlendirme, karşılıklı takdir ve geri bildirim için zaman ayırın. Ek 5 ve 6'da, bazı alıştırma grupları tarafından kullanılan bireysel ve grup geri bildirim formlarını bulabilirsiniz.

G- Grup İçi Çatışmalar

Grup içinde çalışıp öğrenmenin barındırdığı zenginliğin ve zorluğun bir parçası da bam telimize basılmasıdır. Çoğumuz bir süredir bir araya gelen bir grupta muhtemelen bazı gerginlikler ve çatışmalar yaşarız. Şiddetsiz İletişim temelli en önemli işimiz, çatışma kokusu aldığımızda ne hissettiğimizin ve neye ihtiyaç duyduğumuzun farkına varmaktır. Bu farkındalıkla, ihtiyaçlarımıza büyük olasılıkla sonunda tatmin olacağımız şekilde yönelme konusunda bilinçli bir seçim yapabiliriz.

Başka gruplarda, kimi zaman insanlarla ilgili hissettiğimiz gerilimi bilinçsiz olarak bastırır veya görmezden gelirken, bir Şiddetsiz İletişim alıştırma grubunda, hoşlanmadığımız durumlara, grup üyelerinin bizde tetikledikleri her türlü hayal kırıklığı, sıkıntı ve öfkeye onları maruz bırakarak ve bunun "Şiddetsiz İletişim" olduğu varsayımı ile tepki verebiliriz. Kendi ihtiyaçlarımızla bağlantı kurmanın heyecanını ilk kez yaşadığımızda, uzun vadede ihtiyaçlarımızı başkaları pahasına karşılayamayacağımızı unutabiliriz. Hiç kuşkusuz, çatışmalar büyüme-gelişme için biçilmiş kaftandır; ancak yine de çatışmanın zamanlaması, büyüklüğü ve gücü konusunda karar verici olabiliriz. Oturmuş bir alıştırma grubu, birkaç ay önce olsa üyelerini bunaltabilecek, zorlu bir çatışmayı göğüsleyebilir. Çözülmemiş çatışmalar üyelerin gruptan ayrılmasına veya grubun dağılmasına yol açıyorsa, bunun Şiddetsiz İletişim'i pratik etmek için hayati bir an olduğunu hatırlamamız da önemlidir (bkz. 54. sayfa, 11. madde).

Aşağıda yer verdiğimiz, çatışma veya memnuniyetsizlik içeren durumlar, bazı topluluklarda bulunan Şiddetsiz İletişim alıştırma gruplarında yaygındır. Kalın ve tırnak içinde yazılan sözcükler doğrudan katılımcıların ifadeleridir. Yorumlar normal yazı tipiyle verilmiştir. Aşağıda belirtilen zor durumlardan herhangi birini yaşıyorsanız, grup üyesinin alıntılanan sözleri kendi duygu ve ihtiyaçlarınızla temas kurmanıza yardımcı olabilir. Grubunuzda rol oyunları başlatmak veya gerçek zamanlı diyaloglar kurmak için de aşağıdaki listeden yararlanabilirsiniz.

1. Kadınlar, Erkekler ve Diğer Farklılıklar

"Bazen grupta bir kadın konuşurken güceniyorum çünkü gruptaki kadınların birbirleriyle paylaşıyor gibi gözüktüğü nüansları onlarla aynı düzeyde anlamak ve yakalamak isti-

yorum. Konuşmanın hayati bir kısmını kaybediyorum diye korkuyorum. Olduğum halimle ve bildiklerimle görülüp kabul edilirken gruba tam olarak katılmak istiyorum."

Bu katılımcı, bir gruba katıldığımızda genellikle öne çıkan bir değer olan kapsayıcılık ihtiyacını ifade ediyor. Kendisine, kaçırdığı bir şeyi kadınların yakaladığına dair gözleminin ne olduğunu sormak isteyebilir. Bazı kadınlar arasında bakışlar mı fark etti? Ona komik gelen bir şey yokken etrafta kahkahalar mı duydu? Grup üyesi, bu tür bir gözlem sunarak, kadınların belki de bilincinde bile olmadıkları davranışların farkına varmalarına yardımcı olabilir; ancak daha da önemlisi duygu ve ihtiyaçlarını ifade edip kadınlardan empati isteyebilir. Yalnız hissettiğini, gücendiğini ve dahil olmaya ihtiyaç duyduğunu kadınların anladığı ve önemsediği konusunda güvence alabilirse, belirli anlarda canlanan mizahla şaşırmaya devam etse bile, pekâlâ bağlantı ve kabul içinde olabilir.

Kendimizi "azınlık" olarak algıladığımız bir grupta (ihtiyaçlarımızı ifade ettikten sonra) kapsayıcılık veya saygı ihtiyacımızı gözeteceğini düşündüğümüz davranışlara yönelik net ricalarda bulunabiliriz. Örneğin: "Neye tepki verdiğini tanımlamak için 'cinsiyetçi' dışında kelimeler kullanabilir misin?" Çeşitlilik içeren bir grupta, ortak bir geçmişi paylaşan diğerlerinin "anlayabildiklerini" asla "anlamasak" bile kapsayıcılık ihtiyacımız karşılanabilir. Fark yaratacak olan şey, orada bulunanlar arasında belirli sayıda kişinin (bu sadece bir kişi de olabilir) bizim acımızı duyduğuna ve ihtiyaçlarımızın tam olarak dahil edilmesine, kabul edilmesine ve saygı görmesine içtenlikle özen gösterdiğine güvenmemiz ve buna dair güvence almamızdır.

2. Konuyla İlgili Pratik Yapmak veya Konu Hakkında Konuşmak

"Rol oyunları oynamayı kararlaştırıp da sonra pratik yapmak yerine insanların gündeme getirdikleri konular hakkında konuşmaya döndüğümüz her seferinde hüsrana uğruyorum. Bunun neden böyle olduğuyla ilgili kafam karışık."

Bu endişeyi grupla açıkça paylaştıktan sonra, gruptaki herkesin rol oyunlarının amacı ve süreci hakkında net olduğundan emin olmak için Bölüm K, *Rol Oyunu Yapılandırma Önerileri*'ni gözden geçirmek isteyebiliriz. Grup gene pratik yapmak yerine durum hakkında konuşmaya dalıyorsa, bu, merkezdeki kişinin (yani konuyu getiren kişinin) büyük bir acı içinde olduğu ve rol oyununa devam etmeden önce empatiye ihtiyaç duyduğu anlamına gelebilir. Bu durumda, merkezdeki kişinin diğer kişiden empati aldığı, "gerçekçi olmayan bir senaryoya" yönelebiliriz (bkz. Bölüm K, *Bir Rol Oyununu Yapılandırmak İçin Öneriler #2, s. 68*) ya da rol oyununu durdurup empati oturumuna geçebiliriz (bkz. Bölüm J, *Bir Empati Oturumunu Yapılandırmak İçin Öneriler, s. 63*).

Bu durumu ele almak için söylenebileceklere bir örnek:

"Bu senaryo üzerinde pratik yapmak yerine konu hakkında konuştuğumuzdan endişeleniyorum. Merak ediyorum, (roldeki ana kişinin adı), bu rol oyununa geçmeden önce durumla ilgili tam bir duyulma ve anlaşılma deneyimi yaşaman mümkün mü? Şimdi empati oturumuna geçsek ve geçmişte yaşadığın bu durumla ilgili canlı duygu ve ihtiyaçlarını dinleyip yansıtmaya odaklansak, bu sana nasıl gelir?

3. Yapı: Sıkı mı Gevşek mi?

Şu tür şeyler olur:
- insanlar geç gelirler…
- sonra birbirleriyle sosyalleşirler…
- kolaylaştırıcı, check-in oturumunu kararlaştırılan saatten yirmi dakika sonra başlatır…
- katılımcılar Şiddetsiz İletişim'le az çok ilgili –çoğu zaman az ilgili– konularda düşünce ve görüşlerini paylaşırlar…
- insanlar uzun uzadıya (duymak istediğimden daha fazla kelime kullanarak) ve ilgilenmediğim konular hakkında konuşurlar….
- check-in çemberi kırk beş dakika sürer…

- kolaylaştırıcı kendini akışa bırakmış gibidir (Aslında biz sadece kim ne hakkında konuşmak istiyorsa kendimizi ona bırakır gibiyizdir)...

"Hayal kırıklığı yaşıyorum çünkü burada zamanımı Şiddetsiz İletişim'i pratik ederek geçirmek istiyorum."

Konuşan kişi grubun vaktine değer veriyor ve grubun asıl kurulma amacına hizmet etmek, yani "Şiddetsiz İletişim'i pratik etmek" için zamanın dikkatli kullanılmasını istiyor. Katılımcı, gruba kendini ifade etmeden önce "Şiddetsiz İletişim'i pratik etmek" ile ne kastettiğini kendi içinde netleştirmek ve diğer katılımcıların tanımlamalarına da yer açmak isteyebilir. Hayal kırıklığını ve ihtiyacını ifade edip empati ve anlayışla karşılandıktan sonra, bahsettiği tetikleyici noktaları başkalarının nasıl deneyimlediğini duymak isteyebilir. Örneğin, geç gelen birinin de gecikmeden dolayı rahatsız olduğunu veya bir başkasının kırk beş dakikalık check-in turuna diğer oturumlardan daha fazla değer vermesinin nedenini öğrenebilir.

Bu konuyla ilgili tüm duygu ve ihtiyaçlar duyulana kadar bir Paylaşım Çemberi yapmak (Bkz. Bölüm I, *Grup İçi Etkileşim Biçimleri, s. 59*) ve olası çözümleri bu turun ardından aramaya başlamak yararlı olabilir. Tartışmanın sonunda bir anlaşmaya varılırsa, yeni bir Paylaşım Çemberi yaparak tüm katılımcıların anlaşma hakkındaki duygularını ve anlaşmaya vararak hangi ihtiyaçlarının karşılandığını ifade etmelerine yer açın.

4. **"Gerçek Zamanlı" Etkileşimler veya Planlı Pratik, Öfke Bölümüne Geçmeden Öfkelenmek ve Yapı Üzerine Diğer Bilgiler**

Bir Alıştırma Grubu Kurma bölümünde belirtildiği gibi, grup üyeleri olarak bir araya gelmek için temel nedenlerde ortaklaşsak dahi, Şiddetsiz İletişim'de yaşadığımız grup deneyiminin farklı yönleri bizim için farklı değerler taşıyor olabilir. Bazı kimseler "gerçek zamanlı" etkileşimlere değer verirken, diğerleri rol oyunları, alıştırmalar, çalışmalar vb. yoluyla pratik yapmaya odaklanmak ister. Çoğumuz, aşağıdaki katılımcı gibi, her iki deneyimi de buluşmalarımıza dahil etmek ve bu deneyimler arasında bir denge kurmak isteriz:

> *"Bazen check-in sırasında insanların acılarını ifade ettiklerini duyduğumda endişeleniyorum ve arada kalıyorum; çünkü hem empati kurmak için zaman ayıralım istiyorum hem de planlanmış pratik oturumumuza devam etmek için check-in'leri tamamlayalım istiyorum."*

Grubun bunun süregiden bir gerilim olduğunu açıkça kabul etmesi yararlıdır - aynı zamanda grup Şiddetsiz İletişim'de ustalaştıkça bu gerilime farklı yanıtlar geliştirebilir. Her hafta bir bölüm işlemeyi öngördüğümüz bu programı kullanırken şaka yollu olarak *"Öfkeyi Tam İfade Etme* bölümüne geçmeden öfkelenme" sorunundan bahsederiz. Şiddetsiz İletişim süreci (iki bölüm ve dört bileşen) işlenene kadar, bir grubun gerçek zamanlı durumlarla ilgili etkileşimleri oturumun belirli bir kısmıyla, örneğin check-in'lerle sınırlaması yararlı olabilir. Böylelikle grubun fikirler, geçmiş deneyimler, teoriler ve kişisel meseleler üzerine tartışmak yerine Şiddetsiz İletişim'i pratik edip öğrenmeye daha fazla zaman ayırması mümkün olur. Sürecin tüm temelleri işlendikten sonra (sekizinci haftada), Empati Oturumları da buluşmalara dahil edilebilir. Katılımcılar Şiddetsiz İletişim'de akıcı hale geldikçe, oturumun giderek daha fazla kısmı yapılandırılmamış gerçek zamanlı Şiddetsiz İletişim etkileşimlerine ayrılabilir.

Her grupta daha fazla yapı isteyen bazı üyeler kadar daha az yapı isteyen üyelerle de karşılaşırız. Daha fazla yapı istiyorsam, grubun az önce tamamladığı yapılandırılmış alıştırmaya dair neyi takdir ettiğimi sık sık - ve net biçimde - ifade edebilmem yararlı olur. Benzer şekilde, daha az yapılandırılmış çalışmaları seviyorsam, bana fayda sağlayan gerçek zamanlı etkileşim deneyimlerinin altını çizmek için bilinçli bir çaba gösterebilirim.

5. Grup Anlaşmalarına Uymak

> *"Her oturumun sonunda geri bildirime zaman ayırmak üzere anlaşmışken, yaptığımız pek çok buluşmanın sadece iki-*

sinde oturumun kolaylaştırıcısı geri bildirime geçmek için bizi zamanında uyardı; bundan dolayı hayal kırıklığı yaşıyorum. Üzerinde anlaştığımız şeylere güvenebilmek istiyorum."

Bu kişi, yalnızca güvenilirliğe değil, aynı zamanda - düzenli geri bildirim yoluyla yaşamayı umduğu - öğrenmeye ve bağlantıya da değer verdiğine dair net ise, bu farklı ihtiyaç setlerini grupla birlikte tek tek ele alabilir. Her zaman olduğu gibi, önce duyulmak ve ihtiyaçlarının anlaşıldığını bilmek isteyecektir. Daha sonra diğer üyeler geri bildirim eksikliğinin kendilerine nasıl geldiğini ifade edebilirler. Ardından, anlaşmalara uyulmaması konusu da aynı şekilde ele alınabilir. Her iki konuda da herkesin duygu ve ihtiyaçları duyulduktan sonra, stratejilere ve çözümlere geçilebilir.

6. Enerjimize ve Taahhüdümüze Başkalarının da Uymasını İstediğimizde

"Buluşmalarımızın dörtte üçünden fazlasını kaçıran, kitabı okumadan veya çalışmayı yapmadan gelen birilerini gördüğümde hayal kırıklığı yaşıyorum; çünkü onların bu konuya kendilerini daha fazla adamalarını ve katkılarını görmeyi istiyorum. Taahhüdümüzle ve çabalarımızla birbirimizi karşılıklı olarak desteklediğimiz bir grubun parçası olmak istiyorum. (Ayrıca buluşmalarımıza bu kadar seyrek katılan birinin neden hâlâ çemberimizin bir parçası olmak istediği konusunda kafam karışık, bunu anlamak istiyorum.)"

Birinin tekrar eden devamsızlığının ve hazırlık yapmamış olmasının onun ilgi eksikliğinden kaynaklandığını varsaymak, bunu o kişiyle teyit etmediğimiz sürece bizim için kolaydır. Özellikle de biz kendi taahhüdümüze sadık kalmak için çok çabalıyorsak (belki de grup içinde tüm ihtiyaçlarımız karşılanmadığı için), üyelerin devamsızlığı hevesimizin kırılmasını, kendimizden şüphe etmeyi ve hayal kırıklığına uğramayı tetikleyebilir. Böyle bir durumda durmak ve grup üyesinin devamsızlığının grup içinde ihtiyaçlarının karşılanmamasından mı (dolayısıyla katılmaya istek duymamasından mı) yoksa diğer koşullardan mı kaynaklandığını öğrenmek faydalı olacaktır. Tahminlerimizin büsbütün dışında bir yanıt almamız da mümkündür, örneğin:

"Buluşmalara ayda sadece bir kez gelebilmeme rağmen bu çember benim için muazzam bir şey. Burada aldığım destek ve tüm öğrendiklerim, çılgın hayatımın geri kalanı için bir çıpa gibi... İşten sonra bir de uzun yol yapınca o kadar yoruluyorum ki buraya vardığımda pek enerjim kalmamış oluyor. Biliyorum, kulağa tuhaf gelecek, ama sadece bu salonda hissettiğim huzuru ve şefkati içime çekebildiğim için bile ne kadar minnettar olduğumu size anlatamam. Bu yazılı çalışmalarla ilgili de, bunu söylemekten biraz utanıyorum, ama ben pek de kitap insanı değilim. Demek istediğim, gerçekten çok okuduğum söylenemez; ben bu şekilde - yani kitaplardan öğrenmiyorum. Ama duyduğum hemen hemen her şeyi hatırlıyorum, bu yüzden siz burada alıştırmaları yaparken sizi dinlemek bana iyi geliyor. Senin gerçekten herkesin katkıda bulunduğunu görmek istediğini anlayabiliyorum; ben de üzerime düşeni yapmak istiyorum. Yeni şirkette çalışmaya başlayıncaya kadar her buluşmaya yetişemesem de katkıda bulunmak için neler yapabileceğimi bilmek isterim."

Bir başka ihtimal de, diğer insanların çembere katılma konusunda gerçekten de hevesli hissetmediklerini öğrenmemizdir; bu durumda kendimize o anda hatırlatacağımız şey şudur: "Mesele biz değiliz. Mesele ihtiyaçlar." Onların başka yerde olmakla karşılanan veya burada olmakla karşılanmayan bazı ihtiyaçları var.

7. "Baskın" Katılımcılar

"Neredeyse her hafta aynı iki kişinin diğerlerinden daha uzun süre konuştuğunu görüyorum. Bir iki kez seslerini yükseltip yeni söz almış birinden daha yüksek sesle konuştuklarını duydum. Hayal kırıklığına uğradım; çünkü herkesin konuşmak ve duyulmak için eşit fırsata sahip olmasını istiyorum. Herkesten bir şeyler öğrenmek istiyorum."

Pek çoğumuz, bazı insanların duymak istediğimizden çok daha fazla konuştuğu durumlar yaşarız. Karşılıklılık veya bağlantı ihtiyaçlarımızı karşılayamamanın yarattığı hayal kırıklığı ve çaresizlik içinde, diğer kişiyi "baskın", "duyarsız", "yorucu" vb. olarak etiketleyebiliriz. Kitabın *Empatinin Gücü* bölümünde, konuşan kişiyi dinliyormuş gibi yapmak yerine onun sözünü nasıl kesebileceğimizi örnekleyen bir kısım var.

Bir alıştırma grubunda, bir kişinin söylediklerinden hoşlansak bile, dengeli katılıma çok önem verdiğimiz için, onun diğerlerine göre ciddi anlamda daha fazla konuşmasından rahatsız olabiliriz. Başkaları tarafından "o çok konuşur" şeklinde algılanan insanlar, çoğunlukla davranışlarının ne zaman bu kategoriye girdiğinin farkında olmadıkları için, bir tür açık bir geri bildirim almaya memnun dahi olabilirler: Örneğin, rahatsız hissetmeye başladığımızda ve bir başka kişiye söz vermek istediğimizde elimizi kaldırabiliriz. Ayrıca Çember döndürerek veya Konuşma Nesnesi kullanarak yapıya daha fazla denge kazandırmayı düşünebiliriz (bkz. Bölüm III, Kısım I, *Grup Etkileşimi Biçimleri, s. 59*) Hatta, hepimizin eşit sayıda jetonla başladığı ve her söz aldığımızda bir tanesini bıraktığımız konuşma jetonları oyunuyla deneyler bile yapabiliriz.

8. Bağlantı Engeli Olarak "Şiddetsiz İletişim Yapmak"

"Süreci papağan gibi tekrarlayarak 'Şiddetsiz İletişim yapan' insanlar gördüğümde rahatsız oluyorum; çünkü bir şeylerin doğru yapılmasından ziyade hakiki bağlantıya ihtiyaç duyuyorum."

Bize Şiddetsiz İletişim kavramlarının yaşayan bir uygulaması yerine Şiddetsiz İletişim formülleriyle hitap edildiği yönünde bir algıya sahip olduğumuzda, kavramların içimizde yaşayan nitelikleriyle bağlantıda kalmayı hatırlamak bize yardımcı olabilir. Sinirlenme veya gıcık olma gibi her türlü öfke biçiminin kökeninde muhtemelen "-meli/-malı" düşünce yapısının bulunduğunu aklınızda tutun. Bu şekilde düşünmekte "yanlış" bir şey olmasa da, böyle bir düşünceyi duygu ve ihtiyaçlara tercüme edebildiğimiz zaman, yaşamayı umduğumuz hakiki bağlantıyı deneyimleme ihtimalimiz çok daha yüksek olur.

Duygularımızın bir başkasının davranışlarından kaynaklandığına inanıp "Süreci papağan gibi tekrar ettiğin için rahatsız hissediyorum" benzeri bir ifade kullandığımızda, rahatsızlık ve çatışma içinde sıkışıp kalmamız daha olasıdır. Yaşadığımız rahatsızlık hissini araştırıp bunun ardında "hakiki bağlantının kulağa nasıl gelmesi 'gerektiği'" gibi bir düşüncenin yatıp yatmadığa bakmak bize yarar sağlar. Yeniden merkezlenmek için bir dakikanızı ayırın – yavaş, derin bir nefes alın, vb. İçinizde daha derin bir seviyede neler olup bittiğine dair netleşmek için bir dakikanızı ayırarak, diğer kişide hakiki bağlantı ile ilişkili neler olup bittiğini duymaya da daha açık hale geleceksiniz. Konuşan kişinin de hakiki bağlantıya değer vermesi ve bağlantı kurmanın en iyi yolu olarak sürece sırtını yaslaması son derece mümkündür.

Sizi dinleyen kişinin size "formüle dayalı empati" verdiği yönünde bir algınız varsa ve bu durum sizde bir miktar acı yaratıyorsa, bunu şu ifadelerle ortaya koyabilirsiniz: "Benim halimle empati kurmak için gösterdiğin bilinçli çabayı görüyorum. Fark ettim ki, mevcudiyetimi korumakta zorlanıyorum; aramızda sahici bir bağ olduğunu daha derinden hissetmek istiyorum. Bu konuda benimle çalışmaya açıksan az önce söylediklerini farklı bir şekilde ifade edebilir misin? Şu anda gerçekten duymaya ihtiyacım olan şey, 'xxxxx?'" Veya net ve yapılabilir bir dürüstlük ricasında bulunup diğer kişinin o anda içinde neler olduğunu söylemesini isteyebilirsiniz. Kendinize zaman tanıyın. Hangi enerjiden hareket etmek istediğinizi ve karşınızdaki kişinin size yalnızca kalbinden –isteyerek ve sonuçlardan korkmadan– yanıt vermesi için duyduğunuz arzuyu hatırlayın.

Çoğu kez, Şiddetsiz İletişim'i pratik edenler, belirsizlik anlarında sürecin adımlarını, onları adım adım kalp bölgesine götürecek gerçek bir yol haritası olarak görürler. Karşımızdaki kişinin "Şiddetsiz İletişim'i uygulamak için yaptığı katır kutur girişimlere" odaklanmak yerine onun niyetini duyup görmeye istekli olduğumuzda, ikimizin de kalplerinin aynı bağlantı niyetini ve arzusunu paylaştığını fark edebiliriz.

9. "Hoş Ama Sıkıcı" Buluşmalar

"Buluşmalarımız genellikle 'hoş ama sıkıcı' geçiyor; bu da beni hayal kırıklığına uğratıyor. Hakiki bağlantı ihtiyacım karşılanmıyor."

Grubun samimiyet ve hakikilik içinde derinleşmesi için, çoğu kez bir kişinin çemberle "gerçek" bir şey paylaşması yeterlidir. Eğer biz o kişi olmaya istekliysek, önce ihtiyacımızı ifade etmeyi, sonra da paylaşma riskini almak istediğimiz şeyi diğer katılımcıların duymaya açık olup olmadıkları, açıklarsa bunu ne zaman veya nasıl yapmamıza istekli oldukları konusunda geri bildirimlerini duymayı düşünebiliriz.

Buna alternatif olarak, konuyla ilgili bir diyalog da başlatabiliriz: "Son dört aydaki buluşmalarımızı düşündüğümde, içimizde güçlü duygular uyandıran herhangi bir konuya değinmemiş olduğumuzu görüyorum; bu da kimi zaman bende hayal kırıklığı yaratıyor. Daha derin ve hakiki bağlantılar özlüyorum. Her birinizden toplantılarımızı bu açıdan nasıl deneyimlediğinizi öğrenebilir miyim?" Katılımcıların daha açık bir şekilde paylaşımda bulunmasını engelleyebilecek korkularını, özellikle de bu korkuların ardındaki ihtiyaçları keşfedin. Grupta hakikilik ihtiyacını ve ifade edilen diğer ihtiyaçları gözetecek değişikliğe karar vermeye çalışmadan önce, her bir kişiyle empati kurmaya zaman ayırın.

10. Yalnız Bir Muhalif

"Gruptaki bir kişi, geri kalanımızın istediği gibi ilerlemek istemiyor; sadece belirli bir şekilde pratik yapacağını söylüyor. Endişeli hissediyorum çünkü hem işbirliğine ihtiyacım var hem de gruptaki büyük çoğunluğun ne istediğinin daha fazla dikkate alınmasını önemli buluyorum. Ayrıca, grubun onca zamanının ve enerjisinin bu kişinin istediği şeyler için harcandığını gördüğümde bozulmaya başlıyorum; vakti-

mizi içeriğe ayırmak ve daha eğlenceli, uyumlu bir grup atmosferinin tadını çıkarmak istiyorum."

Herkesin ihtiyaçlarının karşılanmasının önemi bize sürekli olarak hatırlatıldığı için, böyle bir durumda alıştırma grubunun bir veya daha fazla üyesinin yaşadığı acı bilhassa yoğun olabilir. Bazılarımız, "çoğunluğun zorbalığı", "damgalama" vb. gibi kınadığımız davranışlara düşmekten korkarız. Bu nedenle, kendimizi tek bir kişinin iradesine boyun eğmekle, halihazırda bizim nefret ettiğimiz şekilde çoğunluğun gücünü uygulamak arasında sıkışmış bulabilir, bu nedenle karamsarlığa, umutsuzluğa ve yılgınlığa kapılabiliriz.

Burada derin bir nefes alıp vermemiz ve ihtiyaçlar ile bu ihtiyaçları karşılamanın belirli yolları arasındaki farkı hatırlamamız önemlidir. (Şiddetsiz İletişim sürecinde *ihtiyaç* ve *rica* arasındaki ayrımı gözden geçirin. Ricalar, bir ihtiyacı karşılayabileceğini umduğumuz stratejilerden oluşur.) Şu an için problem çözmeyi bırakıp grup içinde empatiyi ve bağlantıyı beslemeye odaklanabilir miyiz? Kalpler arasında bağ kurulduğunda çözümlerin de doğacağına güvenebilir miyiz? Hakiki bir bağlantı kurmak, bizden hayal kırıklıklarımızı - yani yaşadığımız ikilemden çıkmanın hiçbir yolunu bulamadığımızda ne kadar umutsuz hissettiğimizi, içermeci olmaya ve saygıya ne kadar değer verdiğimizi, herkesin ihtiyaçlarının karşılanmasını ne kadar önemli bulduğumuzu vb. - paylaşmamızı; bunun ardından diğer kişiyi de, onun "kara koyun" konumunda olmasıyla tetiklenen duygu ve ihtiyaçlarını ifade etmeye davet etmemizi isteyecektir.

Gruptaki bu ayrışmanın acısı için birbirimize empati verebilirsek, o bağlantı ve şefkat alanından başlangıçtaki meseleye yeniden bakmaya hazır hale geliriz. Belki bazı yeni stratejiler denemeyi kabul ederiz; belki de hepimizin öğrenme ihtiyacını en iyi karşılayacak çözümün, o kişinin farklı bir öğrenme ortamına katılması olacağı konusunda hemfikir olabiliriz. (Sonraki sayfaya bakınız: *Biri Ayrıldığında.*) Böylelikle, bağlantıyı kesmeden ayrılmanın, birbirimizi kalbimizden atmadan fiziksel olarak ayrılmanın mümkün olduğunu fark edebiliriz.

11. Biri Ayrıldığında veya Tüm Grup Dağıldığında

Grup bir üyesini kaybettiğinde veya tamamen dağıldığında herkesin acı çekmesi, bunu bir başarısızlık olarak algılaması, başkalarını ya da kendini suçlaması yaygın bir durumdur. Bu yüzden, böyle bir durumda Şiddetsiz İletişim'i uygulamak bilhassa önemlidir. Bir ilişkiyi nasıl sonlandıracağımız konusunda bilinçli seçimler yapabileceğimizi hatırlamak bize yardımcı olacaktır. Farklılıklarımızı, duyduğumuz acıyı ve karşılanmamış ihtiyaçlarımızı açıkça kabul ederek, birbirimizle tam olarak empati kurmaya gerçekten vakit ayırarak ve birlikte geçirdiğimiz zaman boyunca takdir ettiğimiz şeyleri de ifade ederek ayrılıklarımızı kutlayabiliriz. Hayal kırıklıklarımızın yasını tutabilir ve ayrı yollarda ilerlemeye yönelirken birbirimize içtenlikle iyi dileklerimizi sunabiliriz. Bizim işimiz, öğrenme, topluluk vb. ihtiyaçlarımızı karşılamak için farklı yollar seçerken de kalplerimizi birbirimize açık tutmaktır.

12. Karma Seviyeli Gruplar

Hem Şiddetsiz İletişim'e yeni katılanları hem de daha deneyimli olanları içeren pratik gruplarında, karma seviyeli gruplarda gerilim yaratabilecek bir noktayı vurgulamak faydalı olabilir. Deneyimli katılımcılar muhtemelen Şiddetsiz İletişim temelli etkileşimlerin güzelliğine ve gücüne tanıklık etmiş ve bunlardan ilham almış olurlar. Yaşadıkları deneyimler sayesinde, analiz yapmak, övgüde bulunmak, hikaye anlatmak, sempati duymak, teşhis koymak gibi yaygın toplumsal davranışların içerdiği tuzakları öğrenmiş olabilirler. Bu kişiler grup içinde bu tür davranışlarla karşılaştıklarında, bu dilin Şiddetsiz İletişim ilkelerini ve anlayışını yansıtan biçimde öğrenilmesini ve uygulanmasını istedikleri için endişe ve hüsran duyabilirler. Gruba öneride bulunurken kendilerini henüz Şiddetsiz İletişim'in etkilerini kişisel olarak deneyimlememiş olanların duyacağı ve takdir edeceği biçimde ifade edemezler ise, yaşadıkları hüsran ikiye katlanabilir. Hatta, önerilerinin grupta, özellikle de o oturumu yönetmek için gayret gösteren çember liderinde güvensizlik ve kızgınlık tetiklediği durumlar dahi olabilir.

Karma seviyeli grupların, en azından 8. Alıştırmaya kadar (o zamana kadar tüm katılımcılar umarız Şiddetsiz İletişim sürecinin temellerini öğrenmiş olacaklardır) grubun en deneyimli üyelerini çembere liderlik etmeye davet etmeleri faydalı olabilir. Böylelikle deneyimli katılımcıların Şiddetsiz İletişim becerilerini uygulama ve gruba başkaları tarafından en çok kabul görecek şekilde hizmet etme imkanı olur.

Aşağıda, Şiddetsiz İletişim'le yeni tanışanlarla aynı alıştırma grubunda buluşan "Deneyimli Şiddetsiz İletişimciler" arasında geçen iki farklı diyalog bulabilirsiniz. İlk diyalog, Deneyimli Şiddetsiz İletişimci ile bir arkadaşı – grubun üyesi olmayan başka bir deneyimli kişi – arasında geçiyor. İkinci diyalog ise, aynı Deneyimli Şiddetsiz İletişimci ile Şiddetsiz İletişim'de oldukça yeni olan bir alıştırma grubu katılımcısı arasında gerçekleşiyor.

Deneyimli: *Alıştırma grubumda birkaç seferdir hayal kırıklığı yaşıyorum...*

Arkadaş: *Oh, grubunuzda Şiddetsiz İletişim'e yeni başlayan biriyle mi ilgili?*

Deneyimli: *Evet. Şimdiye kadar iki üç kez, bir şey olduğunu fark ettim ve "Eğer bunu Şiddetsiz İletişim dilinde yapmak istiyorsak, işte böyle söyleriz..." dedim. Her seferinde aldığım yanıt şöyle oldu: "Hayır, anlatma bana. Sen bu şekilde yapabilirsin ama ben öyle yapmak istemiyorum."*

Arkadaş: *Yani biraz hayal kırıklığına uğramış gibisin, çünkü...*

Deneyimli: *Evet! İki yıldır Şiddetsiz İletişim öğrenip pratik yapıyorum; bugüne kadar bir dolu hata yaptım; başladığım zamana göre biraz daha fazla anlayışa ve içgörüye sahibim; bunları da paylaşabilmek istiyorum... Neredeyse herkesin Şiddetsiz İletişim'de yeni olduğu bir gruba öğrendiklerimi sunmak istiyorum...*

Arkadaş: *Yani üzgünsün, çünkü gruba bu şekilde katkıda bulunma ihtiyacın karşılanmıyor, öyle mi?*

Deneyimli: *Ben... evet üzgünüm. Aynı zamanda biraz kızgınım da.*

Arkadaş: *Kızgınsın öyle mi? Yardım etme çabana verdikleri yanıtı duyunca mı kızıyorsun?*

Deneyimli: *Evet, biraz kızgın hissettiğimi fark ediyorum... Sanırım bu bana zihnimde eski bir "-meli/-malı" düşüncesinin olduğunu söylüyor.*

Arkadaş: *Bu "-meli/-malı düşüncelerini" ortaya çıkarmaya ne dersin?*

Deneyimli: *Ah evet, "-meli/-malı düşünceleri"... Bakayım. Sanırım şöyle düşünüyorum: "Beni dinlemeliler. Bana inanmalılar, niyetimi görebilmeli ve söylediklerimin kendilerine yardımcı olacağını bilmeliler."*

Arkadaş: *Hmmm, o halde "-meli/-malı düşüncelerini" ihtiyaçlara tercüme edersek...*

Deneyimli: *(Sessizlik. Ardından:) Evet, katkıda bulunmaya ihtiyacım var, belki güvenilmeye ve daha iyi anlaşılmaya. (Uzun sessizlik)*

Arkadaş: *Hâlâ kızgın mısın?*

Deneyimli: *I-ıh. Hayır. Sanırım... kırgın hissediyorum.*

Arkadaş: *Kırgın hissediyorsun çünkü niyetlerinle görülmek ve takdir edilmek mi istiyorsun? Ve sunduğun şeylerin kabul edilmesini mi?*

Deneyimli: *Bu doğru. Kabul görmeyi, güvenilmeyi ve takdir edilmeyi istiyorum... (Deneyimli, hissettiği duygulara mevcudiyetini sunarken sessizlik olur.)*

Arkadaş: *Merak ediyorum, cesaretin de kırılmış olabilir mi, niyetini daha iyi anlaşılacak bir şekilde paylaşabilmek istiyor olabilir misin?*

Deneyimli: *Evet, kendimle ilgili hayal kırıklığı hissediyorum. Şiddetsiz İletişim dilini uygularken daha etkili, daha yetkin olmak istiyorum. İki yılın ardından, niyetimi anlaşılacak şekilde ifade edebileceğime dair güvence istiyorum.*

Arkadaş: *E belki de şu anda bunu yapıyorsundur. İfade etmek istediğin şeyi doğru anlıyor muyum?*

Deneyimli: *Evet, evet, anlıyorsun.*

Arkadaş: *O zaman belki aynısını yeni başlayanlarla da yapabilirsin. Şu anda senin alıştırma grubundan birinin geldiğini görüyorum.*

Deneyimli: *Iyy!*

Arkadaş: *Iyy? Bu klasik Şiddetsiz İletişim'de acaba şu anlama mı geliyor? "Korkuyorum; kendime daha fazla güvenmek istiyorum; kendimden ricam da ayağımı suya sokup bir deneme yapmak."*

Deneyimli: *Ah... evet. İşte başlıyoruz...*

Deneyimli ve Yeni Başlayan arasındaki diyalog:

Deneyimli: *Oh, merhaba. Seninle konuşmak istiyordum. Şimdiye kadar alıştırma grubunda birkaç kez "Bunu Şiddetsiz İletişim dilinde ifade etmek için neden ... demiyorsun?" dediğimde "Hayır, bu şekilde yapmak istemiyorum," veya "Söylediklerinin doğru olup olmadığını bilmiyorum," gibi bir yanıt verdiğini duydum... "*

Yeni Başlayan: *Evet, bize ne yapacağımızı söylemen gerçekten sinir bozucu! Sanki bu işlerin nasıl doğru yapılacağını bilen tek kişi sensin. Tamam, yani iki yıldır öğreniyorsun ama bu bizim hiçbir şey bilmediğimiz anlamına da gelmiyor. Demek istediğim, çoğumuz şefkat ve iletişim pratiği yapıyoruz ve... elbette, evet, bazı şeyler biliyor olabilirsin ama ben de başka şeyler biliyorum.*

Deneyimli: *Yani, rahatsız oluyorsun, çünkü sana farklı bir şekilde - öğrenmiş olduklarını, bildiklerini ve gösterdiğin çabaları gören bir yerden - hitap edilsin istiyorsun diye duyuyorum, doğru mu?*

Yeni Başlayan: *Bu doğru. Elimden gelenin en iyisini yapmaya çalışıyorum ve biri sözümü kesip bana şu ya da bu şe-*

kilde yapmam gerektiğini söylediğinde sinirim bozuluyor. Yani, tabii ki Şiddetsiz İletişim öğrenmek istiyorum, bu yüzden bir alıştırma grubundayım. Daha tecrübeli kişilerden faydalanmak istiyorum; ama "Sen yanlış yapıyorsun, ben doğru yapıyorum, şimdi bunu yap, şimdi şunu yap" denilmesini istemiyorum!

Deneyimli: *Yani sana seçenekler sunulmasını, bir şeyi yapmanın farklı bir yolu olabileceğini duymak ve seçim yapma imkanına sahip olmak istiyorsun. Belki "İşte doğru yol bu, böyle yapın" denmesi yerine seçimlerine saygı duyulmasını da istiyorsun?*

Yeni Başlayan: *Kesinlikle! Teşekkür ederim, teşekkür ederim! Şimdi görüyorum ki senden talep duyuyormuşum. Sanki doğru yol buymuş ve eğer senin yolundan gitmezsem aptal, inatçı, dirençli olurmuşum, hatta seni küçümsemiş ve sana saygısızlık etmiş olurmuşum gibi.*

Deneyimli: *Vay canına! Yani, önerdiğim şeylere sıkı sıkı tutunmadığıma gerçekten güvenmek istiyorsun... Öğrenme tarzına veya o anda canlı olan öğrenme ihtiyaçlarına bağlı olarak, desteğimi alıp almamaya dair tercihine saygılı olduğuma güvenmek gibi mi?*

Yeni Başlayan: *Aynen öyle. Sen yardım teklif ederken içindeki canlılığın bu olduğuna güvenebilseydim, muhtemelen önerilerine çok daha açık olurdum... Büyük ihtimalle bazılarını da gerçekten kabul ederdim!*

Deneyimli: *Hmmm. Evet, bu gerçekten hoşuma giderdi. Aslında, seninle konuşmaya başladığım şey buydu.*

Yeni Başlayan: *Doğru. Bahse girerim sen de üzülüyordun, çünkü katkıda bulunmak gerçekten hoşuna gidiyor ve bunu kabul görecek bir şekilde yapmak istiyorsun. Yeni başlayan birinin sana biraz Şiddetsiz İletişim empatisi vermesi sana nasıl gelir?*

Deneyimli: *Çok isterim! Ve... eee... Bunu yaparken sana koçluk etmeme izin verir misin?*

H – Çatışmayı Kucaklamak: Hatırlatıcılar

1. **Yavaşla. Tekrar yavaşla.**
2. **ŞU ANDA canlı olan duygu ve ihtiyaçlara köklen.**
   Örneğin, iki saniye önce birinin konuşmasını dinlerken çileden çıkmış olabilirsin. Şu anda, ağzını açmak üzereyken korkmuş hissediyorsun...
3. **Empatiye ve bağlantıya odaklan.**
4. **Yardım iste.**
   Örneğin, "Gözlemlerimi formüle etmem için bana yardım eder misin?"
5. **Herkes duygu ve ihtiyaçlarının anlaşıldığını teyit edinceye kadar empati kurmaya devam et.**
6. **ANCAK bundan sonra çözümleri araştır..**
   "Gelecekte bir şeylerin nasıl farklı ilerleyeceğini düşünüyoruz? Benim ya da bir başkasının davranışında değişiklik olacak mı?"
7. **Barışa kavuşmayı kutla.**
   Şunları onurlandır: Niyetimiz, cesaretimiz, sabrımız, azmimiz, şefkatimiz, sıkı çalışmamız vs. Bize bu işi neden yaptığımızı ve şu anda dünyada neler olduğunu hatırlat.

I – Grup İçi Etkileşim Biçimleri

Bir diyaloğa katılanların sayısı arttıkça, aralarındaki kopukluk potansiyeli de artabilir. "Lider dolu" bir Şiddetsiz İletişim grubunda, özgürce akan bir tartışmanın tek kuralı, her bir kişinin kendi ihtiyaçlarının ve – ahlaki yargılardan arınmış – değerlerinin farkında olması ve bu ihtiyaçların karşılanması için sorumluluk almasıdır. Elbette bu ihtiyaçlar, anlayış, netlik ve bağlantı için empati vermeyi de almayı da içerebilir.

Ek 7'de, Şiddetsiz İletişim'in iki yönüne ve dört bileşenine dayalı etkileşimlerimizi takip etmek üzere kullanabileceğimiz bir süreç çizelgesi bulunuyor. Yapıyla deneyler yapmak isteyen gruplar için, çeşitli grup içi etkileşim biçimlerine dair aşağıda bazı bilgiler sunuyoruz.

1. Tur

Tur, sırası gelen her kişiye grubun dikkatini verdiği bir alan yaratır. Tur bir yöne doğru dönerken katılımcılar sırayla söz alırlar; tamamlandıklarında bunu belirtirler. Konuşan kişiye doğrudan yanıt verilmez, ancak söz alan kişi elbette daha önce söylenmiş olan herhangi bir şeye değinebilir. Konuşan tamamlandığında, bir sonraki kişiye geçmek için bir sinyal verir. İsteyen herkes söz almak yerine pas diyebilir veya sıra kendisine geldiğinde gruptan sessiz empati almayı seçebilir.

Bir tura başlarken grup şunları dikkate alabilir:

a. Tura toplamda ayrılacak süre

b. Her bireye ayrılacak süre (zamanla ilgili hatırlatmaların nasıl ve kim tarafından yapılacağı).

c. Turun konusu - örneğin "Bugün yaşadığım anlamlı bir şey", "Bu kurum için vizyonum", "Bir Şiddetsiz İletişim deneyimi veya içgörüsü", "Öğretmen olarak karşılaştığım zorluklar" vb.

d. Konuşan kişinin tamamlandığını belirtmek için söyleyeceği söz veya yapacağı hareket

e. Turu bir kez dönmek ya da hiç kimsenin söyleyecek yeni bir şeyi kalmayıncaya ve herkes pas deyinceye kadar devam etmek

2. Yansıtmalı Tur

Turun bu varyasyonunda, konuşmasını tamamlayan kişiden sonra gelen, kendi paylaşımını yapmadan önce konuşan kişinin söylediklerini ona yansıtır. Konuşan kişi tam olarak anlaşılmadığını düşünürse ifadesini netleştirip tekrarlayabilir. Ancak amaç, daha önce söylediklerine ekleme yapmak değil, açıklık kazandırmak olacaktır. Yansıtmalı Tur, grup sürecini yavaşlatmaya ve her bir kişinin tam anlamıyla duyulmasını desteklemeye yarar.

3. Konuşma Nesnesi

Çember göbeğine grup niyetlerini simgeleyen bir nesne konur. Konuşmak isteyen herkes "söz almak" için bu nesneyi eline alır. Konuşan kişi, ihtiyaçlarını karşılamak üzere gruptaki herhangi birinden ricada bulunabilir. Diğer kişi onun ricasına yanıt verirken, o, nesneyi elinde tutmaya devam eder. Nesneyi elde tutmak, gruba ve konuşan kişiye, hâlâ o kişinin ricalarının ele alındığını hatırlatır. Konuşan kişi sözünü bitirdiğinde nesneyi çember göbeğine geri bırakır ve tekrar almadan önce diğerlerinin söz almasını bekler.

4. Trafik Yöneticisi veya Kolaylaştırıcı

Grup tarafından, aşağıdakilerden bazılarını veya tümünü yaparak grup trafiğini yönetmek ya da toplantıyı kolaylaştırmak için bir kişi veya sırayla rol üstlenecek kişiler seçilir:

a. Söz alma sırasının kimde olduğunu belirlemek.

b. Konuşanın söylediklerini Şiddetsiz İletişim'e tercüme ederek yansıtmak veya belirli kişilerden söylenenleri tercüme etmelerini istemek (grup üyelerinin birbirlerinin duygularını, ihtiyaçlarını ve net ricalarını duyma becerisini desteklemek için).

c. Tartışma akışına rehberlik etmek, araya girmek ve belirli kişilerden belirli yanıtlar istemek.

d. Tartışmada tutarlılık ve uyum sağlamak amacıyla ana noktaları, kararları ve gidilen istikameti ifade etmek.

5. Yansıtmalı Serbest Akış

Serbest akışlı bir etkileşimde "sıra düzenlemesi" yapılmaz - her bireyin, ihtiyaçları canlandıkça bunları gözetmeye yönelik isteğine ve becerisine güveniriz. Bununla birlikte, Yansıtmalı Turda olduğu gibi, konuşmak isteyen herkes, kendi paylaşımına geçmeden evvel bir önceki konuşmacının söylediklerini ona geri yansıtır. Bu süreç, grubu yavaşlamaya, dikkatle dinlemeye ve yeni bir adım atmadan önce, konuşan her kişiyi duymaya teşvik eder.

Duydukları yansıtmadan tatmin olmayan konuşmacılar, paylaşımlarına netlik getirebilirler. Ancak niyetleri, ilk ifadelerini uzatmak yerine netleştirmektir. Konuşan ve yansıtma yapan kişi karşılıklı bir diyaloğa girerlerse süreç tıkanır. Konuşan kişi, birkaç yansıtma denemesinden sonra hâlâ tatmin olmamışsa, yansıtma yapan kişi grubun başka bir üyesinin devam etmesini isteyebilir. Konuşan kişi nihayet tatmin olduğunda, söz yeniden ondan sonra konuşmak isteyen kişiye verilir.

NOT: GRUPTA NET RİCALARDA BULUNMAK
Grup etkileşimi hangi biçimde olursa olsun, söz alan kişiler gruba hitap ederken niyetlerinin farkında olduklarında, net ve şimdiki zamana dair ricalarda bulunabildiklerinde, grup süreci bundan son derece olumlu etkilenir. Şiddetsiz İletişim, konuşan kişinin gruptan ne istediğini belirlemesine yardımcı olmak için aşağıdaki önerileri sunar:

a. Belirli bir kişi veya kişilerin adını söyleyerek kimin yanıt vermesini istediğinizi netleştirin.
   Örnek: Ceyda ve Harun'un bana ... söylemesini isterim.
   Örnek: İlgi duyan herkesin bana... söylemesini isterim.
   Örnek: Aranızdan iki (üç, dört vb.) kişinin bana .... söylemesini isterim.

b. Ricada bulunduğunuz eylemi netleştirin.
   Örnek: Ceyda ve Harun'un bana (onlardan istediğiniz bilgiyi belirtin) ... söylemesini isterim.
   Örnek: (Ricanızın konusunu belirtin) Buluşmamızı saat 17:00'de bitirmeyi kabul eden (yanıt almak istediğiniz kişileri belirtin) herkesin (istediğiniz eylemi belirtin) elini kaldırmasını istiyorum.

   Size birkaç kişinin yanıt vermesini istediğinizde, yanıt verme sırasını netleştirmeniz yararlı olabilir:
   Örnek: Her birinizden burada bulunma nedenlerinizi duymak isterim. Benim solumdan başlayıp saat yönünde bir tur dönelim.

c. Ricalarınız sizi tatmin eden bir şekilde yerine getirildiğinde ve başka birinin söz alması için hazır olduğunuzda işaret verin.
   Örnek: Ben tamamlandım.

J – Bir Empati Oturumunu Yapılandırmak İçin Öneriler

Bir "Empati Oturumu", katılımcılardan birine, yaşadığı somut bir durum için canlı empati alma imkanı sunarken, diğer katılımcılara da yapılandırılmış bir Şiddetsiz İletişim pratik etkinliği içinde net roller tanımlar. Kendi yapınızı ve yönergelerinizi oluştururken aşağıdaki önerileri göz önünde bulundurun. Çemberiniz aylar ve yıllar içinde olgunlaştıkça, önceden belirlenmiş (ve daha katı) yönergelerin yerini gitgide doğal bir akışın aldığını fark edebilirsiniz.

Başlamadan önce, kalbinizle bağlantı kurmak için zaman ayırın: Yavaşlayın ve kendinizi yeniden mevcudiyete getirin. Bunun bir yolu durmaktan, nefes alıp vermekten ve beslemek istediğimiz enerjiye bilinçli olarak yönelmekten geçer. Bir grup üyesinin paylaştığı meditatif bir metin, bir şarkı veya bir sessizlik ânı bize empatiyi, şefkati ve netliği merkezimize alma, kendimiz de dahil *herkese* saygı içeren ricalara yerleşme niyetimizi hatırlatabilir. Bu pratikler, biz "bir şeyler yapmaya" hazırlanırken, tonumuzu belirlememize ve kalp enerjisine köklenmemize yardımcı olabilir.

1. Empati Oturumunun süresine karar verin. Empati için on beş dakika, değerlendirme için beş dakika süre belirleyerek bir deneme yapabilirsiniz.

2. O günün buluşmasına kaç Empati Oturumu dahil etmek istediğinize karar verin. Öngördüğümüz oturum sayısından daha fazla katılımcı varsa, bundan sonra ne zaman Empati Oturumu yapacağınıza karar verin, böylece herkesin empati alma fırsatına sahip olması mümkün olur.

3. Kimin Konuşan olacağına karar verin. Çoğunlukla kendisine acı veren bir durumla ilgili acil destek isteyen bir katılımcı gönüllü olur. Henüz Konuşan olma imkanı bulmamış bir üye de empati almaya istekli olabilir.

4. Konuşan, çemberde bulunan herhangi biriyle ilgili olmayan ve gruptaki herhangi bir kişide acı tetikleme olasılığı düşük olan bir durum hakkında konuşmaya teşvik edilir.

5. Konuşan kişiye, kendisine ayrılan sürenin tamamına sahip olacağına ve Dinleyenler onun sözünü kestiklerinde, niyetin ondan "söz çalmak" değil, yansıtma yapmak ve sözlerinin doğru anlaşıldığından emin olmak olacağına dair güvence verin.

6. Konuşan, Dinleyenlere yansıtma fırsatı sunmak üzere sıkça es vermeye teşvik edilir. Marshall Rosenberg paylaşımlar için kırk kelimelik bir sınır öneriyor! Çoğumuz, özellikle acı içindeyken yaptığımız paylaşımlarda kırk kelimeyi aşabilirken, Dinleyenler'in söylediğimiz her şeyi tam olarak duymasını istiyorsak, sözlerimizi daha küçük kelime paketleri halinde sunmayı hatırlamakta fayda var.

7. Konuşanlar Şiddetsiz İletişim'i uygulamayı veya sözlerini Şiddetsiz İletişim'e tercüme etme işini Dinleyenlere bırakarak kendilerini alışıldık biçimde ifade etmeyi seçebilirler. Empati Oturumlarının temel amacı derin dinleme ve sözlü empati pratiği sunmaktır. Bu pratik için Konuşanlardan "Şiddetsiz İletişimce konuşmak" için uğraşmalarını istemeyin. Bu etkinlikte Dinleyenlerin rolü dinlemektir, Konuşana kendisini Şiddetsiz İletişim dilinde ifade etmesi için koçluk yapmak değil.

8. Zaman Tutucu rolünü kimin üstleneceğine karar verin.

9. Aktif Dinleyici (yansıtma yapan) rolünü bir kişinin üstlenmesini mi, yoksa tüm grubun sürece katılarak Konuşana sırayla sözlü empati vermesini mi istediğinize karar verin. Tüm grubu devreye almak, herkesin eşit düzeyde aktif katılımcı olduğu anlamına gelir; Konuşanın tam olarak anlaşılma olasılığını da artırabilir. Bununla birlikte, bu yöntem Konuşanın dikkatini de dağılabilir, çünkü farklı kimseler sırayla sözlü empati verdiklerinde geçişlerde akıcılığı sağlamak bazen zor olur. Üçüncü bir alternatif, Ana Dinleyicinin, Konuşan her es verdiğinde onunla empati kurmak veya empatik yansıtmayı gruba bırakmak üzere seçim yapmasıdır. Bir Ana Dinleyici belirleyerek yapılan bu küçük yönlendirme, süreci daha fazla insanın aktif katılımını sağlayacak şekilde yumuşatmak için genellikle yeterli olur.

NOT: Konuşana birden çok kişi empati veriyorsa, bazen her Dinleyenin Konuşanı "doğru anlamaya" (duygu ve ihtiyaçlarını doğru tahmin etmeye) çalışması, çembere rekabetçi bir ton katabilir. Böyle bir durumda, empatinin doğru tahminlerle değil, dikkatimizin niteliğiyle ilgili olduğunu kendimize hatırlatmak anlamlı olur.

10. Zaman Tutucu: Konuşanın odaklanmasını sağlamak için oturuma otuz saniyelik bir sessizlikle başlayın. Dinleyenler, bu ânı tamamen mevcut olma, tüm varlığınızla dinleme niyetinizle bağlantı kurmak için kullanın.

11. Dinleyenler: Konuşana ve sözlerine tam olarak odaklanın; sözcüklerin gerisinde yatan duygu ve ihtiyaçları sezin. Amacınız, Konuşanın ne hissettiğini ve neye ihtiyaç duyduğunu "bulmak" ya da "doğru yapmak" değil, bütünüyle mevcut olmaktır.

12. Konuşan durakladığında, Dinleyen duyduklarını sözlü empatiyle yansıtır. Ayrıca Dinleyenler, özellikle bir seferde duyabileceklerinden daha fazla bilgi alıyorlarsa veya duyduklarını net anladıklarından emin değillerse, yansıtma yapmak için Konuşanın sözünü kesebilirler.

13. Dinleyenler, Konuşanın söylediklerini gözlemlere, duygulara, ihtiyaçlara ve ricalara tercüme ederek sözlü empati vermeye çalışırlar. Yansıtmayı, (söyleyen değil) soran bir dilde yaparız: Gözlemlediğin, hissettiğin, ihtiyaç duyduğun ve rica ettiğin şey bu mu? (Konuşan, gördüğü [duyduğu vb.], hissettiği, ihtiyaç duyduğu veya rica ettiği şey konusunda daima asıl söz sahibi olan kişidir.)

Örnek:
Konuşan: *Patronum beni aşağılayıp duruyor...*
Dinleyen: *Yani patronunun senin hakkında veya sana söylediği şeyler saygı ihtiyacını karşılamıyor, öyle mi?*
Konuşan: *Evet, bana dün söylediği gibi şeyler deyip duruyor. Ajanstan gelen geçici eleman kadar bile bilmiyormuşum işi.*

Dinleyen: *Onun bunları söylediğini duyunca... üzgün mü hissediyorsun ve iş yerinde yaptıklarının görülmesine... takdir edilmeye mi ihtiyacın var?*
Konuşan: *(devam eder)*

14. **Dinleyenler:** Konuşanların, geçmişte yaşanmış olan bir durumu tarif etmelerine rağmen şu anda deneyimledikleri duygu ve ihtiyaçlarla bağlantıda kalmalarına yardım edin.

Örnek:
Konuşan: *Bize böyle bir oyun oynadıkları için patronuma ve diğer departman yöneticilerine gerçekten çok kızgınım. Tıpkı çocukluğumda olduğu gibi - babam da bize böyle sürpriz hareketler yapardı, hatırlıyorum. Nakliyat kamyonu gelmeden iki gün önce bize Kanada'ya taşınacağımızı söylemişti! Gerçekten, sadece iki gün! Sonra öğrendim ki, iş sözleşmesini altı ay önce imzalamış!*
Dinleyen: *Babanın sana taşınmayı haber vermeyi beklettiğini hatırladığında hâlâ kızgın ve kırgın mı hissediyorsun; çünkü hayatını etkileyecek kararlarda ihtiyaçlarının dikkate alınmasını mı istiyorsun?*

NOT: Dinleyen, yukarıdaki örnekte gözlemi, duyguyu ve ihtiyacı yansıtıyor, ancak bir rica yansıtmıyor. Empati Oturumları sırasında, kapanış turunda Konuşan böyle bir ricada bulunmadıkça (veya bulununcaya kadar) problem çözmeye odaklanmaktan kaçınırız.

---

15. **Zaman Tutucu:** Süre dolmaya yaklaştığında bunu çembere bildirin (örn.: "Üç dakikamız kaldı."). Süre dolduğunda yeni bir duyuru yapın. Konuşan, o sırada yoğun duygular ifade ediyorsa veya çemberde henüz dinmemiş yoğun acı olduğunu seziyorsanız, siz (Zaman Tutucu) Konuşana Empati Oturumunun kapanışına geçmeden önce bir dakikalık sessiz empati almak isteyip istemediğini sorabilirsiniz. Böyle bir durumda herkes (artık konuşmayan) Konuşana tüm mevcudiyetiyle eşlik ederken, Konuşanın sessizliğinin ardındaki duy-

gu ve ihtiyaçları sezmeye devam eder. Bir dakika tamamlandığında, Zaman Tutucu işaret verir.

16. Empati Oturumunu iki turla bitirin. Bir Empati Oturumu planlarken, iki kapanış turunu kapsayacak şekilde zamanlamanıza beş dakika daha ekleyin.

　a. İlk turda sözü önce Konuşan alır; gruptan herhangi bir ricası varsa bunu dile getirir. Kırılganlığımızı açtıktan sonra, çoğu kez başkalarının paylaştığımız şeyler hakkında ne düşündüğünü bilmek isteriz. Konuşan, çalıştığı konuda ilerlemek için gruptan tavsiye, görüş, bilgi vb. alma ricasında da bulunabilir. Konuşanın ricasına herkesin yanıt verme fırsatına sahip olması için çemberde bir tur döndürün.

　b. Tüm katılımcıların tamamlanan süreçle veya Empati Oturumundaki rolleriyle ilgili içgörülerini, duygularını vb. ifade ettikleri ikinci bir turla kapanış yapın. Bu tur, aynı zamanda, yaşanan öğrenme ve paylaşım deneyimi için katılımcıların birbirlerine takdir vermesine imkan sunar.

K – Bir Rol Oyununu Yapılandırmak İçin Öneriler

1. A Katılımcısı, durumu şu şekilde tarif eder:

　a. Kendi rolü: "Bir araştırma laboratuvarında geçici bir çalışanım."

　b. B Katılımcısının almasını istediği rol: "Sen de benim yöneticimsin."

　c. Eğer önemli ise, diyaloğun geçtiği zaman veya mekan: "Cuma saat 18.00; işten çıkmak üzereyim."

　d. Ardından B Katılımcısına ilk (veya ilk iki) repliği verir: "Yöneticim bana diyor ki: 'Raporu bitirdin mi? Pazartesi sabahı toplantıya başlamadan önce tamamlanmış halini görmek istiyorum.'"

A Katılımcısı: Daha fazla arka plan bilgisini, ancak diğer kişinin rolünü oynaması için çok gerekliyse sunun. Bilgileri bir veya iki cümleyle kısaca verin. Durumu, hikayeyi veya bununla ilgili deneyiminizi anlatmaktan kaçının. (Grubun zamanını, bir durumu anlatmak yerine o durum üzerinde çalışarak geçirin.) Rol oyunu sırasında B Katılımcısı istediğiniz rolü oynamıyorsa, ona sadece şunu söyleyin: "Hayır, böyle demezsin. Muhtemelen '...' dersin."

2. Genellikle, A Katılımcısı empatik konuşma ve dinleme alıştırması yaparken, B Katılımcısı alışıldık dilde konuşur. Ancak, A Katılımcısı durumla ilgili yoğun acı çekiyorsa, B Katılımcısı ile empati kuramayıp rol oyununda tıkanabilir.

Bu durumda, önce B Katılımcısının Şiddetsiz İletişim bilen bir kişiye dönüştüğü ve A Katılımcısı ile empati kurduğu "gerçekçi olmayan" bir senaryo canlandırmak yararlı olabilir. A Katılımcısı rol oyununa baştaki şekilde devam etmeye hazır hissettiğinde (kendini hazır hissetmemesi de mümkündür), bu kez B Katılımcısının rolünü alışıldık konuşma diliyle ve gerçekçi bir şekilde oynamasıyla çalışmaya tekrar başlayabilirsiniz.

Diğer bir alternatif ise A Katılımcısının Şiddetsiz İletişim bilmeyen yönetici rolünü oynaması ve başka bir kişinin Şiddetsiz İletişim'de deneyimli biri olarak kendisini nasıl canlandırabileceğini izlemesidir.

Her rol oyunu için bir süre sınırı koymayı ve bir zaman tutucu belirlemeyi faydalı bulabilirsiniz. Çalışma bitiminde hem A Katılımcısına hem de B Katılımcısına neyin "işe yaradığını", neyin "işe yaramadığını" ve bu pratikten öğrendiklerini ifade etme fırsatı verin. Rol oyununda gözlemci olanlar da içgörülerini paylaşmak isteyebilirler.

BÖLÜM IV

Alıştırmalar

*Bireysel Ev Çalışmaları,
Liderin Kılavuzu ve
Örnek Yanıtlar*

Bireysel Ev Çalışmaları, Liderin Kılavuzu ve Örnek Yanıtlar

> **Bireylere yönelik notlar:**
>
> Aşağıdaki Gözden Geçirme ve Bireysel Pratik bölümlerinin yanı sıra Liderin Kılavuzu'ndaki etkinliklerin çoğunu pek az değişiklikle veya değişikliğe gerek duymadan kendi başınıza yapabilirsiniz. Yanıtlarınız oluştukça (duygular, ihtiyaçlar ve fikirler) bunları not etmek için defterinizi veya bilgisayarınızı el altında bulundurun. Soldaki ◎ sembolü ve bireylere yönelik notları takip etmeniz, Bireysel Ev Çalışmalarını ve Etkinlikleri tamamlamanıza yardımcı olacaktır.
>
> Bu yeni dili öğrenmek için daha fazla zaman ve enerji harcamaya istekli olan bireyler, kendilerine ek destek olanakları yaratabilirler. Şiddetsiz İletişim'e aşina olmayan arkadaşlarınızı sürecin dört bileşenini kullanarak gözlemler, duygular, ihtiyaçlar ve net ricalar diyarında kalmanıza yardımcı olmaya davet edin. Bir arkadaşınıza kendinizi dört bileşenle ifade edebilirsiniz: *"Şiddetsiz İletişim'i yaşamımda uygulamak beni heyecanlandırıyor; çünkü ailemle (arkadaşlarımla, meslektaşlarımla) ilişkilerim daha eğlenceli (samimi, anlamlı, uyumlu) hale geliyor. Pratik yapmak için senden nasıl yardım alabileceğimi duymak ister misin?"*

Arkadaş desteği istemenin bir başka örneği de şu olabilir: *"Şiddetsiz İletişim'i uyguladığımda ailemle ilişkilerimin değiştiğini (daha eğlenceli, daha anlamlı, herkes için daha kolay hale geldiğini, gözümün önünde dönüştüğünü vb.) düşündüğümde heyecanlanıyorum; çünkü uyum ve öngörülebilirlik ihtiyacım eskisine göre daha sık karşılanıyor. Merak ediyorum, söylediklerimi duyduktan sonra pratik yapmama yardımcı olma fikri ilgini çekiyor mu?"*

Süreci öğrenmenize yardım etmeyi kabul edenlerle pratik yapmaya devam ettikçe, size destek olanlar da bu şekilde kalpten konuşmayı değerli bulacaklardır. Böyle olduğunda, bu yardımcı el kitabında yapılandırılmış bir alıştırma grubu oluşturmanıza yardımcı olmak üzere yazılmış bölümleri okuyun ve buradaki önerileri rahat ettiğiniz şekilde kullanarak arkadaşlarınızı size katılmaya davet edin.

Yardımcı el kitabında, bir bireyin yaşayabileceği ve grup içinde yaşananlara benzer sorunlar ele alındığı için bu kitabı ara ara incelemeye devam edin. Kitap boyunca grup pratiklerine yönelik yapılan önerilerin çoğu, bireysel pratikler için de geçerlidir.

Bu yardımcı el kitabından yararlanan bir birey olarak, çalışmaları kendi başınıza yapmadan evvel Liderin Kılavuzuna ve Örnek Yanıtlara göz atmak isteyebilirsiniz. Sonraki bölümleri incelemeden önce çalışmaları kendi başınıza yapmanız, alacağınız faydayı en üst düzeye taşıyacaktır.

Bölüm için Alıştırmalar-1:
Gönülden Vermek

Bir – Bireysel Ev Çalışmaları

Gözden Geçirme

1. Yazar Marshall B. Rosenberg, Şiddetsiz İletişim'in, onu çocukluğundan bu yana meşgul eden iki soru üzerine yaptığı araştırmalardan doğduğunu söylüyor. Bu iki soru şunlardır:
2. "Şiddetsiz İletişim", aynı zamanda "_____", "Şİ", bazı ülkelerde ise "Zürafa Dili" olarak bilinir. Kimi insanlar, konuşma tarzlarını "şiddetli" bulmadıkları için başlıktaki "şiddetsiz" kelimesinden rahatsızlık duyduklarını söylerler. Marshall, "Şiddetsiz İletişim"de "şiddetsiz" kelimesinin kullanımını nasıl açıklıyor?
3. Şiddetsiz İletişim'in amacı nedir?
4. Bu dil, yaygın iletişim kurma biçimimizden ne şekilde farklılaşıyor?
5. Marshall, Şiddetsiz İletişim'in "bir süreç veya dilden daha fazlası" olduğundan bahsederken ne kastediyor?
6. Şiddetsiz İletişim sürecinin iki yönünü adlandırın.
7. Şiddetsiz İletişim sürecinin dört bileşenini adlandırın.
8. Şiddetsiz İletişim'in hayatlarımızda ve toplumumuzda kullanılabildiği bazı uygulama alanlarından veya biçimlerinden bahsedin.

Bireysel Pratik

Marshall Rosenberg, Şiddetsiz İletişim'in kalbini betimlemek için aşağıdaki hikayeyi anlatıyor:

San Francisco'daki Greyhound Otobüs Terminali'nde otobüs beklerken duvarda bir tabela gördüm: "Gençler: Yabancılarla Konuşmayın." Belli ki tabelanın amacı, evden kaçan gençleri büyük şehirlerde onları bekleyen tehlikelere karşı uyarmaktı. Örneğin kadın tüccarlarının terminallerde yalnız, korkmuş gençleri takip ettiği bilinir. İyi prova ettikleri bir sıcaklıkla arkadaşlık, yemek, kalacak bir yer, belki de uyuşturucu teklif ederler. Çok geçmeden gençleri tuzağa düşürüp kendileri için fahişelik yapmaya zorlarlar.

İnsanların son derece sömürücü davranışlar içine girebildiğine dair bu hatırlatıcıyı görmek midemi bulandırsa da bekleme salonuna girdiğim an havam değişti. Gözüm, kucağında bir portakalla oturan yaşlı bir göçmen çiftçiye takıldı. Görünüşe göre paketinden çıkarıp yediği öğle yemeğinden geriye kalan tek şey buydu. Salonun diğer ucunda, annesinin kucağında oturan küçük bir çocuk, adamın portakalına bakıyordu. Adam, çocuğun bakışlarını fark etti, ayağa kalktı, ona doğru yürüdü. Yaklaşırken çocuğun annesine baktı, portakalı çocuğa vermek için bir el hareketiyle anneden izin istedi. Anne gülümsedi. Adam çocuğa uzanmadan hemen önce durdu, avucunda tuttuğu portakalı öptü. Sonra da onu çocuğa verdi.

Adamın yanına oturarak, yaptığı şeyden etkilendiğimi söyledim. Gülümsedi; davranışının takdir edilmesinden memnun görünüyordu. "Portakalı çocuğa vermeden önce öpmen beni çok duygulandırdı," dedim. Yüzünde ciddi bir ifadeyle bir süre sessizce durdu; sonra da şöyle cevap verdi: "Bu hayatta şu altmış beş yıldır öğrendiğim tek bir şey varsa, o da gönülden vermedikçe asla vermemektir."

Niyetimizle Bağlantı Kurmak

1. Rahat edeceğiniz ve en az yarım saat boyunca rahatsız edilmeyeceğiniz bir yer bulun.

a. Zihninizi ve bedeninizi sakinleştirmek için birkaç bilinçli nefes alın.
b. Dikkatinizi çevrenize verin: Burada ne görüyor ve duyuyorsunuz, nasıl kokular alıyor ve ne hissediyorsunuz?
c. Dikkatinizi sorulara yöneltmeden önce, nasıl hissettiğinize ve bedeninizin neler deneyimlediğine bakın. Huzursuz musunuz, sıkılmış mı, sakin mi, melankolik mi...? Herhangi bir gerginlik fark ediyor musunuz – belki yüzünüzde, omuzlarınızda, sırtınızda, belki de sol küçük parmağınızda...?

2. Marshall'ın portakalla ilgili hikayesini düşünün; kendi yaşamınızda gönülden vermenin ya da gönülden verilen bir armağanı almanın sevincini tasvir eden bir olay hatırlayıp hatırlamadığınıza bakın. "Bana bir şey verdiğinde, sana kabulümü sunuyorum. Benden bir şey aldığında, çok şey verdiğini hissediyorum." (Ruth Bebermeyer'in "Alan" şarkısından)

3. Kendinize şunu sorun: "Beni Şiddetsiz İletişim'i uygulamaya çeken nedir? Yaşamım için ve bu dünya için derinden dilediğim şey nedir?" Birkaç dakika boyunca sadece bu arzuyla, bu ihtiyaçla kalın.

4. Çocukluğunuzda veya daha yakın geçmişinizde bu ihtiyaçların ya da arzuların farkında olduğunuz bir zamanı hatırlıyor musunuz? Şu anda yaşamınızın hangi anları veya parçaları bu ihtiyaçların varlığını yansıtıyor?

NOT: Zihninizi serbestçe dolaşmaya, bazı anıları hatırlamaya, derin düşüncelere dalmaya vb. bırakırken, ara ara birkaç bilinçli nefes almak için durun ve dikkatinizi tekrar bedeninize verin, canlanan her türlü fiziksel duyum ve duyguyla bağlantı kurun; ardından tefekküre devam edin.

---

5. Zihninizde bu alıştırmayı tamamlama niyeti canlandığında (bu el kitabını kapatmadan, ayağa kalkıp bulunduğunuz mekandan ayrılmadan vb. önce) bu niyetin farkına varın. Bir kez daha, durmak ve bilinçli nefes almak için bir dakikanızı ayırın. Şu anda nasıl hissediyorsunuz? Karşılanan ya da karşı-

lanmayan herhangi bir ihtiyacınıza temas ediyor musunuz? Mekanı terk etmeden önce çevrenizi - ne gördüğünüzü, ne duyduğunuzu, neye dokunduğunuzu, nasıl kokular aldığınızı - fark etmek üzere kendinize kısa bir süre izin verin.

Bu Hafta İçinde Şunları Fark Edin:

1. Gönülden verdiğiniz durumlar. Unutmayın, "önemli bir olay" yaşamanız şart değil. Sürekli olarak kendimizden ve kaynaklarımızdan "veririz"; bazen bir iş arkadaşımızı yüreklendirecek bir söz söyleriz, bazen birisi için kapıyı açık tutarız, ya da süpermarkette sırada bekleyen sabırsız çocuğa fıkra anlatırız. Böyle bir durumu hatırladığınızda neler hissettiğinizi tasvir edin.

2. Gönülden değil, başka bir enerjiden verdiğiniz bir durum. Kendinizi ya da olayı yargılamadan veya analiz etmeden, bu olayı hatırladığınızda neler hissettiğinizi tasvir edin. Bu olayda ne yaşanmış olmasını isterdiniz?

Yukarıdaki alıştırmalara verdiğiniz yanıtları, hafta boyunca yaptığınız gözlemleri ve bu süreçte öğrendiklerinizi not edin.

NOT: Çoğumuz kendimizi şefkatli ve cömert insanlar olarak görmeyi tercih ederiz. Kalplerimizin kapandığı ya da ellerimizi cebimize soktuğumuz anları fark etmekten haz etmeyiz. Bununla birlikte, şefkatimizi ve cömertliğimizi geliştirmek, sınırlılıklarımıza temas ettiğimiz anları tekrar tekrar (yargılamadan) fark etmekten geçer. Böyle anlarda kendinizi sevgi dolu gözlerle izleyin.

Bir – Liderin Kılavuzu

Bu ilk çalışma bize anlamlı bulduğumuz bir şeyi paylaşma ve birbirimizi tanıma fırsatı verir. Aşağıdaki Etkinlik 1 için yaklaşık bir saat ayırın; ancak tüm katılımcılara gönülden verme hikayelerini baştan sona anlatabilecekleri yeterli zamanı verin. Süreniz yetmezse, Etkinlik 2'yi atlayın.

Etkinlik 1: Gönülden Vermek

1. Herkesi kendi hikayesini anlatmaya davet edin. (Çemberde tüm katılımcılara sırayla söz verin ve gruba bu bölüm için ne kadar zaman ayırdığınızı söyleyin. Bu hikayeleri anlatmanın konuşan kişilerden cesaret ve kırılganlık isteyebileceğinin altını çizerek, dinleyenleri tüm dikkatlerini konuşana vermeye teşvik edin. Her hikayenin sonunda, bir sonraki kişiye geçmeden önce hikayenin "sindirilmesi" ve grubun konuşan kişiyi sessizce onurlandırması için kısa bir süre es verin. İnsanların hikayeleri hakkında tartışma veya yorum yapılmasına mani olun.)

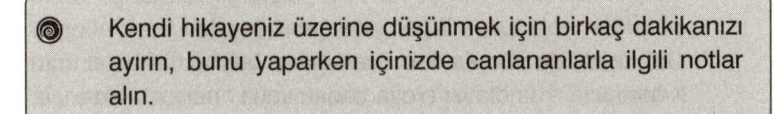

> Kendi hikayeniz üzerine düşünmek için birkaç dakikanızı ayırın, bunu yaparken içinizde canlananlarla ilgili notlar alın.

2. Katılımcıları, çalışmanın geri kalanına verdikleri yanıtları paylaşmaya davet edin. Bazıları almış oldukları notları okumaktan zevk alırken, diğerleri alıştırmaları yapmaya dair duygularını paylaşabilirler.

> Alıştırmaya yanıt olarak yazdıklarınızı okuyun; ardından bu alıştırmayı yapmakla ilgili duygularınızı ifade edin.

3. Bu bölümü tamamlarken, grubu Gönülden Vermek konusunda öğrenilenleri hep birlikte özetlemeye teşvik edin. Etkinlik 2'ye geçmeden önce, Birinci Çalışma (Bölümü Gözden Geçirme dahil) hakkında başka soru olup olmadığını yoklayın.

> Gönülden Vermek konusunda öğrendiğiniz üç şey bulmaya çalışın; yanıtlarınızı defterinize not edin.

Etkinlik 2: Bizi Gönülden Vermekten Alıkoyan İhtiyaçları Görmek

Gönülden vermek, yaşayabileceğimiz en büyük keyiflerden biridir ve Şiddetsiz İletişim'in temel kavramları arasında yer alır. Ancak hepimizin zaman zaman gerçekten gönülden vermemizi engelleyen ihtiyaçları vardır. Bu ihtiyaçları belirlemeyi öğrenebiliriz.

1. Vermenin gönülden gelmediği hikayeler içeren paylaşımlara atıfta bulunarak, "O anda hangi ihtiyaç sizi bunu yapmaktan alıkoydu?" diye sorun. Şunu da ifade edin: Şiddetsiz İletişim, gücümüzü diğer insanların esenliğine katkıda bulunmak için kullanmanın bizim en büyük keyif kaynağımız olduğu varsayımından yola çıkar. Eğer yaptığımız şeyden keyif almıyorsak, içimizde karşılamak istediğimiz başka ihtiyaçlar canlı demektir. Kendimizi (veya başkalarını) "bencil", "özensiz" vb. olarak etiketlemek yerine, seçtiğimiz davranışların daima karşılamaya çalıştığımız belirli ihtiyaçlara hizmet ettiğinin farkına varırız. (Bu, yaptığımız seçimlerin bu ihtiyaçları karşılamakta her zaman başarılı olduğu anlamına gelmez.)

> Yaptığınız bir şeyi gönülden vermediğiniz somut bir durumu hatırlayın. Verdiğiniz armağanın ardındaki asıl motivasyonu belirlemeye çalışın. Veya sizden bir şey istendiği ve bu şeyi rahatlıkla veremediğiniz bir zamanı hatırlayın. Sizden isteneni vermekten sizi alıkoyan ihtiyaçları belirlemeye çalışın. Bu alıştırma sırasında kendinize dönük yargılar ortaya çıkarsa, sadece fark edin, bu düşünceleri ağırlıyorsunuz.

2. Henüz bu çalışmayı yapmamış olanları, vermedikleri (veya gönülden vermedikleri) bir ânı hatırlamaya ve onları bunu yapmaktan alıkoyan ihtiyaçlarını belirlemeye davet edin. Gerekirse referans almak için Ek 3'te bulunan Evrensel İhtiyaç Listesi'nden yararlanın.

3. Grupta, vermeye isteksizliğini veya vermeyi reddetmesini, ihtiyaç karşılama yolunda bir seçim olarak görünce içinde bir değişim yaşayan olup olmadığını sorun ve çalışmayı bu şekilde noktalayın.

> Bu soru üzerine tefekkür edin ve yanıtınızı not edin.

Bir – Liderin Kılavuzuna Örnek Yanıtlar

Etkinlik 2 İçin Yanıt: Bizi Gönülden Vermekten Alıkoyan İhtiyaçları Görmek

Çocukken babam "Bana bir bardak çay getir" derdi. O anda ne yapıyor olabileceğimle veya ona çay götürmek isteyip istemediğimle hiç ilgilenmezdi. Sözlerini bir talep olarak duyardım; ona itaat etmemenin sonuçlarından korktuğum için de her seferinde ayaklarımı sürüyerek ve somurtarak ona çay götürürdüm. Artık o yaşamıyor ve ben bunları yazarken müthiş üzüntülüyüm. Anlıyorum ki babam gönülden verilen tek bir fincan çay almadı benden. Ona gönülden, keyifle vermekten beni alıkoyan şey, saygı ve özerklik ihtiyaçlarımdı.

Tabii ki bu somurtuk itaat pek de ustaca bir strateji değildi; ne özerklik ne de saygı ihtiyacımı karşılamakta başarılıydı. Şimdi üzgünüm, çünkü keşke özerklik ve saygı ihtiyaçlarımı daha iyi karşılamanın yollarını bilseydim, sonra da katkıda bulunma ihtiyacımı karşılayacak şekilde gönülden bir fincan çay vermenin tadını çıkarabilseydim.

Not: Yanıtlar son derece kişiselleştirilmiş ve bireysel deneyime dayalı olacaktır.

> Örnek yanıtı gözden geçirin; sizinkine ne kadar benzediğine veya sizinkinden ne kadar farklı olduğuna dikkat edin.

Bölüm için Alıştırmalar-2: Şefkati Engelleyen İletişim

İki – Bireysel Ev Çalışmaları

Gözden Geçirme

1. "Hayata yabancılaştıran iletişim"in anlamı nedir?
2. Hayata yabancılaştıran iletişim şekillerinden bazılarını adlandırın ve her birine bir örnek verin.
3. Yazar, başkaları hakkındaki analizlerimizin ve yargılarımızın _____'ın trajik birer ifadesi olduğuna inanıyor.
4. Yazar, kendimizi ifade etmenin bu yollarını tanımlamak için neden "trajik" sözcüğünü kullanıyor?
5. İnsanlar, onlardan istediğimiz şeyleri korkudan, suçluluktan veya utançtan hareketle yaparlarsa ne olur?
6. İnsanlar bizi zihinlerinde korku, suçluluk veya utanç duygularıyla eşleştirdiklerinde gelecekte ne yaşanması muhtemeldir?
7. Değer yargıları ile ahlakçı yargılar arasındaki fark nedir?
8. Türkçedeki (veya bir başka dildeki) sözcüklerin veya ifadelerin, bireysel sorumluluk ve seçim bilincini nasıl perdelediğine dair örnekler verin.
9. Yazar tarafından tanımlandığı şekliyle, "talep" ne demektir?
10. Marshall, çocuklarından onlara zorla hiçbir şey yaptıramayacağını öğrendiğini anlatıyor. Bu ifadelerle ne kastettiğini açıklayın.

Bireysel Pratik

1. Hayata yabancılaştıran, bağlantıyı engelleyen iletişim biçimlerini aşağıdaki dört kategoride derleyebiliriz:
   a. Teşhis, yargılama, analiz, eleştiri, karşılaştırma
   b. Sorumluluğu reddetme
   c. Talepte bulunma
   d. "Hak etme" odaklı dil
   Bu hafta boyunca, yaptığınız konuşmalarda bu dört kategorinin her birine girebilecek bir sözünüzü tespit edin. İsterseniz geçmişinize bakıp başka biriyle iletişim kurduğunuz bir andan örnek seçin. Arzu ederseniz, iç konuşmalarınıza da odaklanabilirsiniz. Durumu tasvir etmek yerine, kullandığınız ifadeleri kelimesi kelimesine yazın.

2. İki kişi arasında iyi gitmeyen bir diyalog (yaklaşık 6-8 satırlık) yazın. Sizinle hayatınızdaki birisi arasında geçen bir diyalog olabilir. Diyaloğu yazmayı tamamladıktan sonra, satırların üzerinden geçin ve diyaloga dahil olan kişilerden birinin sözlerinin bu kategorilerden birine girip girmediğini belirleyin.

3. Bu haftanın bir gününü Hayata Yabancılaştıran İletişim Farkındalık Günü ilan edin. O gün boyunca, çevrenizdeki kişilerin kurduğu iletişimi yüksek bir farkındalıkla dinleyin. Bu dört kategoriden bir ifade duyduğunuzda, bunu kendinize not edin. İnsanların TV'de, radyoda ve reklamlarda söylediklerini eklemeyi unutmayın. Hem yazılı hem de sözlü iletişim örneklerini dahil edebilirsiniz.

4. Yazar, Fransız romancı George Bernanos'tan alıntı yapıyor: "Bugüne kadar görmüş olduğumuz ve gelecekte daha da fazlasını göreceğimiz vahşet, dünyada isyancıların, asilerin ve ehlileştirilemeyecek insanların sayısının arttığının değil, tam aksine itaatkâr ve uysal insanların sayısının arttığının göstergesidir." Buna katılıyor musunuz, yoksa katılmıyor musunuz? Örnekler verebilir misiniz?

5. Hayata yabancılaştıran iletişimin diktatörler, krallar, otokratlar veya çok uluslu şirketler tarafından kontrol edilen sosyo-

politik sistemlere ne şekilde fayda sağladığını görüyor musunuz?

İki – Liderin Kılavuzu

Etkinliklere başlamadan önce, grupta Bireysel Pratiğin 4. ve 5. sorularında gündeme getirilen konuları tartışmaya büyük ilgi duyan biri olup olmadığını öğrenin. Sınırlı ilgi varsa Etkinlik 3'ü tümden atlayın. Aşağıda bulunan etkinliklerin sayısı, oturumunuz sırasında acele etmeden ele alabileceğinizden fazla olabilir. Etkinlik 1 için bolca zaman ayırmaya çalışın. Vaktinizi tartışmadan ziyade pratik yaparak geçirmek için tartışmalara ayrılan süreyi sınırlayın.

Etkinlik 1: Yazılı Diyalog

Beyaz tahtanız veya büyük bir kâğıdınız varsa, 2. Bireysel Pratik için yaptığınız çalışmada not ettiğiniz diyaloğu, tüm çemberin okuyabileceği şekilde yazın. (Bunu buluşmanız başlamadan önce yapın.) Diyalogda bulunan kişilerden birinin rolünü üstlenin; başka birinden de diğer rolü üstlenmesini isteyip diyaloğu birlikte yüksek sesle okuyun. Gruptan diyalogdaki hayata yabancılaştıran iletişim biçimlerini belirlemelerini isteyin.

> ◎ Örnek diyaloğunuzu gözden geçirin ve hayata yabancılaştıran iletişim biçimlerinin dört ana kategorisinden herhangi birine giren ifadeleri belirlemeye çalışın.

Yukarıdaki adımları tamamladıktan sonra başa dönüp konuşan kişilerin karşılanmamış ihtiyaçlarının neler olabileceğini gruba sorun. (Bu alıştırma için Ek 3, *Evrensel İhtiyaç Listesi*'nden yararlanabilirsiniz.)

Gruptaki herkesin diyalogdaki her iki tarafın ihtiyaçlarını sezip sezmediğini kontrol edin. Ardından, herkesin konuşanların ihtiyaçlarıyla bağlantı kurarken aynı kelimeleri duyması için diyaloğu tekrar yüksek sesle okuyun. Diyaloğu ilk kez duymakla ikinci kez duymak arasında herhangi bir fark deneyimleyen olup olmadığını sorun.

> Kendi diyaloğunuzla bu çalışmayı yapın.

Diyalog yazmış olanlardan, kâğıtlarını yanlarındaki bir kişiyle paylaşıp diyaloğu birlikte yüksek sesle okumalarını isteyin. Gruptaki diğer katılımcıları (Lider dahil) duydukları hayata yabancılaştıran iletişim biçimlerini sırayla tanımlamaya davet edin. Bunu tüm diyaloglar için yaptıktan sonra başa dönün ve konuşan çeşitli kişilerin olası karşılanmamış ihtiyaçlarını tahmin edin. Bu ihtiyaçları akılda tutarak diyalogları yeniden canlandırmayı rica edin.

> Bir arkadaşınızdan veya partnerinizden 2. Bireysel Pratikteki gibi örnek bir diyalog yazmasını isteyin. Diyaloğu gözden geçirip olası karşılanmamış ihtiyaçları belirleyin.

Etkinlik 2: Hayata Yabancılaştıran İletişim Farkındalık Günü

Haftanın nasıl geçtiğini ve Hayata Yabancılaştıran İletişim Farkındalık Günü'nde insanların neler fark ettiklerini sorun. Çember döndürerek herkesten ya notlarını okumalarını ya da deneyimlerini sözlü olarak aktarmalarını isteyin. Hayata yabancılaştıran iletişim üzerine soruların, fikirlerin ve tartışmaların, yani insanların kendi alışkanlıkları ve toplumsal dilimiz hakkındaki gözlemlerinin çemberde serbestçe akmasına izin verin. Sonunda grubu hep birlikte öğrendiklerini özetlemeye davet edin.

Etkinlik 3: 4. ve 5. Soruların İncelenmesi

4 ve 5 numaralı Bireysel Pratik sorularından birini veya her ikisini tartışmanın odak noktası olarak alın. Konuya özel bir ilgi olmadıktan sonra, bu tartışmayı on beş dakika ile sınırlayın.

Etkinlik 4: Hayata Yabancılaştıran Mesajları Tanımlamak

a. Önce insanlardan aktif oldukları ya da özdeşleştikleri alan(lar)ı veya toplulukları adlandırmalarını isteyin. Örneğin: Eğitim, kâr amacı gütmeyen kuruluşlar, ebeveynlik, meditasyon, ceza hukuku, Şiddetsiz İletişim vb.

b. Katılımcılara, bahsettikleri alanlarda yaygın olan belirli mesajlar fark edip etmediklerini sorun. Grup paylaşımından önce sessiz tefekkür için üç dakikalık sessizlik yapın. Eğitim alanı için şu örnekler verilebilir:

- Öğretmenlerin not vermesi gerekir.
- Yaramazlık yapan öğrenciler cezalandırılmayı hak ederler.
- On altı yaşına kadar okula gitmek zorundasın.
- Amerikan okul sistemi berbat.

> Bu konu üzerinde düşünüp kendi durumunuz için geçerli bir liste hazırlayın.

İki – Liderin Kılavuzuna Örnek Yanıtlar

Etkinlik 4 için Yanıtlar: Hayata Yabancılaştıran Mesajları Belirlemek

Çeşitli alanlardan, şefkatli işbirliğini teşvik etme olasılığı düşük mesaj örnekleri:

Eğitim
Talep dili: "On altı yaşına kadar okula gitmek zorundasın."
Talepte bulunmadan: "On altı yaşına kadar okula gitmeni istiyoruz; çünkü sağlam bir eğitime değer veriyoruz."

Ceza İnfaz Kurumları
Hak etme odaklı dil: "Başkalarına zarar veren insanlar cezalandırılmayı hak ederler."

Hak etme odaklı dil kullanmadan: "Başkalarına zarar veren insanlara, sebep oldukları zararı telafi etme fırsatı verildiğini görmek istiyorum; çünkü şifalanmaya ve güveni yeniden inşa etmeye değer veriyorum."

Şiddetsiz İletişim topluluğu
Teşhis, yargı, eleştiri: "Şiddetsiz İletişim konuşmuyorsun."
Teşhis ve eleştiriye yönelmeden: "Bana bu durumla ilgili duygu ve ihtiyaçlarını ifade etmeni isterim; çünkü dürüstlüğe ve bağlantıya değer veriyorum."

Sağlık
Sorumluluğu reddetme, teşhis: "Doktor en doğrusunu bilir."
Sorumluluğu reddetmeden: "Bu testin yapılmasını istedik; çünkü kesin sonuçlar almayı umuyorduk."
Teşhiste bulunmadan: "Bu konudaki değerlendirmeme güvenmenizi isterim."

Ebeveynlik
Talep dili: "Yetişkinler çocuklara toplum içinde nasıl davranmaları gerektiğini öğretmelidir."
Talepte bulunmadan: "Yetişkinlerin çocuklara kamusal alanların güvenliğini ve sessizliğini destekleyecek şekilde davranmayı öğretmelerini istiyorum."

Meditasyon
Sorumluluğu reddetme: "Beni orada bir saat boyunca hareket etmeden oturttular."
Sorumluluğu reddetmeden: "Eğitmenin yönergelerini takip etmek istediğim için orada bir saat boyunca hareketsiz oturmayı seçtim."

Bölüm için Alıştırmalar-3:
Değerlendirmeden Gözlemlemek

Üç – Bireysel Çalışmalar

Gözden Geçirme

1. Bu bölümün başında alıntılanan şarkı sözlerinde yazar, dinleyicilerden iki şeyi birbirine karıştırmamalarını rica ediyor. Onunla konuşurken, dinleyicilerin birbirinden net biçimde ayırmalarını istediği iki şey nedir?
2. Yukarıda söz edilen bu iki öğeyi birbirinden ayırmanın sebebi nedir?
3. "Durağan dil" ile "süreç dili" arasındaki farkı açıklayın.
4. Marshall, "sorumlu bir çocuk", "bir aşçı", "tatlı bir sarışın" gibi olumlu veya nötr insan etiketlerinden dahi kaçınmayı tercih ediyor. Neden?
5. Öğretmenlerin okul müdürüyle ilgili değerlendirmelerinden bazıları nelerdi? Müdür hakkında yaptıkları net gözlemlerden biri neydi?
6. "Her zaman", "asla", "hiç", "ne zaman ki" vb. sözcükler, gözlem mi yoksa değerlendirme ile karışık gözlem mi ifade ediyor?
7. Şiddetsiz İletişim'in birinci bileşeni nedir?

Bireysel Pratik

1. Kendinizle ilgili üç gözlem yazın. Kendinizle ilgili üç değerlendirme yazın.

2. "Durağan dil" ve "süreç dili" arasındaki farkı görünür kılacak bir örnek verin.
3. Bölümün sonunda, yedi iletişim biçimini listeleyen tabloya bakın. Her madde için, önce değerlendirme ile karışmış bir gözlem, ardından değerlendirme içermeyen bir gözlem örneği verin.
4. Aşağıdaki sözcüklerin gözlem ifade ettikleri bir örnek verin. Bu sözcüklerin değerlendirme ile karışmış gözlem ifade ettikleri bir örnek verin.
   a. "asla"
   b. "hep"
   c. "ne zaman ki"
   d. "sürekli"
   e. "hiç kimse"
5. Bir dahaki sefere sırada beklerken, otobüsteyken ya da kalabalık içindeyken, beş dakikanızı ayırıp çevrenizdeki insanlara bakın. Zihninizde hangi düşüncelerin dolaştığını fark ediyor musunuz? İmkanınız varsa, düşüncelerinizi yazıp inceleyin. Yazdıklarınız birer gözlem mi? Değerlendirme mi? Salt gözlemden oluşan düşüncelerin, değerlendirmeyle karışmış olanlara oranı nedir?

Üç – Liderin Kılavuzu

Gruba onlar için bir dizi alıştırmanız olduğunu ve hafta boyunca yaptıkları çalışmanın tüm parçalarını gözden geçirmek için zaman olmayabileceğini açıklayın. Bu buluşmada katılımcılardan herhangi birinin özellikle ele almak istediği bir konu olup olmadığını sorun.

Etkinlik 1: Gözlem mi? Değerlendirme mi?

Kitapta Bölüm sonunda (Alıştırma 1) bulunan "Gözlem mi? Değerlendirme mi?" alıştırmasını grupla birlikte yapın. Alıştırmayı

tamamladıktan sonra gruptan aldığınız yanıtları Marshall'ın yanıtlarıyla karşılaştırın.
(Not: Çemberinizdeki birçok kişi bu alıştırmayı daha önce kendi başına yaptıysa, aşağıdaki alternatif alıştırmayı kullanın.)

Alternatif Etkinlik 1: Gözlem mi? Değerlendirme mi?

Aşağıdaki ifadelerde sizce konuşan kişi değerlendirme içermeyen bir gözlem yapıyor mu? Yapmıyorsa, lütfen duruma uygun değerlendirme içermeyen bir ifade örneği verin.

1. "Şiddetsiz İletişim'i öğrenmenin en iyi yollarından biri pratik, pratik, pratiktir."
2. "Patron karar sürecini ağırdan alıyor."
3. "Notların hakkında bana yalan söyledin."
4. "Kocam neredeyse hiç sevgi göstermiyor."
5. "Bu hafta benimle dördüncü kez tartışıyorsun."
6. "Marshall, Şiddetsiz İletişim'i öğrenmenin tek yolunun pratik, pratik, pratik olduğunu söyledi."
7. "Akşam yemeğinde mumbar servis etmemle dalga geçtiler."
8. "Benden izin istemeden arabayı aldın."
9. "Çevreye zarar veriyorlar."
10. "Doktor bana herhangi bir şey açıklamayı reddediyor."

> ◉ Yukarıdaki alıştırmayı ve kitaptaki alıştırmayı kendi başınıza yapın.

Etkinlik 2: Gözlem Yapmak

Bir dakikalık sessizlik yapıp bulunduğunuz mekanda herkesi çevreye bakmaya davet edin. Ardından her katılımcıdan değerlendirme yüklü bir gözlem yapmasını isteyin. Bunlar "İnsanlar yorgun görünüyor" veya "Bu oda rahat" gibi ifadeler olabilir. Katılımcıları aynı uyaranları değerlendirme içermeyen birer gözleme dönüştürmek üzere ikili eşleşmeye davet edin. ("İnsanlar yorgun görünüyor" ifadesinde gözlem, "Bu alıştırma sırasında üçümüzün esnediğini, birinin de gözlerini ovuşturduğunu gördüm" olabilir.)

> Bulunduğunuz ortam hakkında değerlendirme yüklü iki gözlem yapın; ardından bunları değerlendirme içermeyen birer gözleme dönüştürün.

Etkinlik 3: Tartışma

Ev çalışmasının son maddesine nasıl yanıt verdiğinizi sırayla açıklayın (5. Bireysel Pratik). Grubun gözlemler ve değerlendirmeler hakkında öğrendiklerini hep birlikte tartışması için alan açın; gözlemleri değerlendirmelerden ayırmayı neden pratik ettiğimizi de konuya dahil edin.

> Gözlemleri değerlendirmelerden ayırmayı pratik etmenin değerine dair kendi düşüncelerinizi not edin.

Etkinlik 4: Ev Çalışmasını Gözden Geçirme

Zaman varsa, ev çalışmasının diğer kısımlarına verilen yanıtları paylaşmaya alan açın. Zaman daralıyorsa, ev çalışmasının (Gözden Geçirme dahil) başka herhangi bir bölümüyle ilgili soru olup olmadığını öğrenin.

Üç – Liderin Kılavuzu için Örnek Yanıtlar

Alternatif Etkinlik 1 İçin Yanıtlar: Gözlem mi? Değerlendirme mi?

Değerlendirme yüklü gözlemler yerine değerlendirme içermeyen örnek gözlemler:

NOT: Aşağıdakiler Şiddetsiz İletişim örnekleri değil, yalnızca gözlem bileşenine dair örneklerdir.

1. "Alıştırma grubumdaki herkes Şiddetsiz İletişim'i öğrenmenin en iyi yollarından birinin pratik, pratik, pratik olduğunu söylüyor."
2. "Patron bize kararı geçen hafta açıklayacağını söyledi ama hâlâ bir şey duymadık."
3. "Bütün derslerini geçtiğini söylediğini duydum ama bu karnede iki zayıf not var."
4. "Kocam beni iki haftadır öpmedi."
5. "Bu hafta dördüncü kez, söylediğim bir şeye katılmadığını söylüyorsun."
6. Konuşan kişi Marshall'ın "Şiddetsiz İletişim'i öğrenmenin tek yolu pratik, pratik, pratiktir" dediğini gerçekten duyduysa, duyduklarını herhangi bir değerlendirme eklemeden paylaşıyor demektir.
7. "Akşam yemeğinde mumbar servis ettiğimde kahkahalar duydum ve birisi, 'Çok yaratıcı bir yemek' dedi".
8. Her iki taraf da (örn. bir ailedeki ebeveyn ve genç) "izin isteme"nin ne olduğu konusunda ortak bir anlayış içindeyse, konuşan kişinin değerlendirme içermeyen bir gözlem yaptığını düşünürdüm.
9. Bu bölgenin yüzde 90'ından fazlasında tüm ağaçları kestiler ve hâlâ devam ediyorlar."
10. "Doktor ağrıya neyin sebep olduğu veya ne yapılabileceği hakkında bana bir şey söylemedi."

> Bu örnek yanıtları gözden geçirin; sizin yanıtlarınızla benzerliklerine ve farklılıklarına dikkat edin. Bu farklılıklar size ne söylüyor? Bu yanıtları gözden geçirdikten sonra kendi yanıtlarınızda yapmak isteyebileceğiniz değişiklikler var mı?

Bölüm için Alıştırmalar-4: Duyguları Tanımlamak ve İfade Etmek

Dört – Bireysel Çalışmalar

Gözden Geçirme

1. Rollo May neye istinaden "senfoni"den ve "borazanın notaları"ndan bahsediyor?
2. Marshall'a göre, Amerikan eğitim sistemi öğrencilere neyi öğretmeye odaklanır?
3. Marshall'a göre, neden belirli mesleklerden insanlar, duyguları tanımlama ve ifade etmede bizlerden bile daha fazla zorluk çekiyorlar?
4. Bir kadın kocasına "Bir duvarla yaşıyormuşum gibi hissediyorum" diyerek "duygularını ifade ederse" ne gibi sorunlarla karşılaşabilir?
5. Duygularımızı ifade etmenin yararları nelerdir?
6. Doğru ya da yanlış: "... hissediyorum" ifadesini her kullandığımızda bir duygu dile getiririz. Yanıtınızı açıklayın.
7. Marshall neden "iyi hissediyorum" ve "kötü hissediyorum" gibi ifadelere bağlı kalmak yerine belirli duyguları tanımlamamızı öneriyor?

Bireysel Pratik

1. Şu anda ne hissediyorsunuz?

2. Herhangi bir anda ne hissettiğinizi nasıl anlıyorsunuz? Duygunuza bakmak için ne yapıyorsunuz?

3. Bu Bölümdeki "Duygular ve Duygu Sanılanlar" alt başlığı altında, aşağıdaki durumları tanımlayan ifade örnekleri bulunuyor:

    a. olduğumuzu düşündüğümüz şeye dair ifadeler (örn.: "Yetersiz hissediyorum")

    b. başkalarının bizi nasıl değerlendirdiğini düşündüğümüze dair ifadeler (örn.: "Kendimi önemsiz hissediyorum")

    c. başkalarının bize karşı veya çevremizde nasıl davrandığını düşündüğümüze dair ifadeler (örn.: "Yanlış anlaşıldığımı hissediyorum. Görmezden gelindiğimi hissediyorum.")

    Bu kategorilere giren ve sizin kullanabileceğiniz beş başka ifade düşünün.

4. Duygularını ifade etmeyen birinin yanında kendinizi nasıl hissediyorsunuz?

5. Keder dışında hiçbir duygunun birkaç saniye veya dakikadan uzun sürmediği söylenir. (Elbette, ortaya çıkan yeni düşüncelere veya koşullara bağlı olarak, bir süre sonra bu duygu geri gelebilir.) Bununla ilgili ne düşünüyorsunuz? Önümüzdeki hafta, yaşadığınız bir durumda hissettiğiniz belirli bir duyguyu dikkatlice izleyip takip ederek fark ettiklerinizi not edin.

6. Hayata gelirken duyguları hissetmek veya hissetmemek konusunda size seçim hakkı verildiğini hayal edin. Hangisini seçerdiniz, neden?

7. "... hissediyorum" ifadesini kullanabildiğiniz, ancak aslında duygudan çok bir düşünceyi ifade ettiğiniz üç örnek verin.

8. Kendi duygu envanterinizi hazırlamaya başlayın.

    a. Hayatın tam olarak istediğiniz gibi gidebileceği çeşitli durumlar hayal edin. Bu durumlarda hissedebileceğiniz tüm duyguları bir kâğıda yazın.

b. Şimdi ihtiyaçlarınızın karşılanmadığı durumları hayal edin ve bu durumlarda hissedebileceğiniz duyguları başka bir kâğıtta listeleyin.

c. Bu kitabı okurken, bu duygu listelerine eklemeler yapmaya devam edip kendi senfoni orkestranızı oluşturmayı hedefleyin.

Dört – Liderin Kılavuzu

Bu kılavuzun, bir sonraki oturumu yönetme sorumluluğunu üstlenmeyi öneren kişi olarak size hizmet etmek üzere tasarlandığını lütfen aklınızda tutun. Verimli ve keyifli bir buluşma için yalnızca planınızı destekleyen kısımları kullanın.

Etkinlik 1: Duyguları Fark Etmek

Bu etkinlikte amacın, belirli bir anda duygularımızı fark etmemize ve duyguların anbean değiştiğini görmemize yardımcı olmak olduğunu açıklayın. Buluşma boyunca her katılımcı, gruba şu anlama gelen bir işaret verecektir: "Dur. Gözlerini kapat. İçine bak, ne hissettiğini bul." Herkes bu işareti ne zaman vereceğine kendi karar vererek, uyarı yapmadan bir anda çemberin ortasında ayakta duracaktır. İşareti veren kişinin konuşmasına gerek yoktur; işaretin herkes tarafından görüldüğüne emin olduktan sonra tekrar yerine oturabilir.

> Bir mola alıp kendine "Dur. Gözlerini kapat. İçine bak, ne hissettiğini bul" ânı ver.

Bir dakikalık sessizlikte herkes içine bakarak kendine şunu sorar: "Şu anda ne hissediyorum?... Ve şimdi?... Ve şimdi?" Liderin bir dakikalık alarm kurması yararlı olabilir, böylece katılımcıların arada saati kontrol etmelerine gerek kalmaz. Lider, bir dakikanın sonunda herkesi fark ettikleri duyguyu/duyguları adlandırmaya ve o süre boyunca yaptıkları gözlemleri paylaşmaya davet eder.

> Bir etkinlikle meşgulken, bir saat boyunca her on beş dakikada bir çalacak bir alarm kurun. Alarm çaldığı anda ne hissediyorsunuz? Dikkatle gözlemleyin ve duygularınızı not edin.

NOT: Özellikle alarm çaldığı anda konuşmakta olan kişiler için, sinyalin söz kesilmesi olarak deneyimlenebileceğini belirtin. Bu nedenle rahatsızlık, gerginlik vb. duygular canlanabilir. Herkesten bu duyguları ve onlara eşlik eden düşünceleri fark etmesini isteyin. Katılımcılar belirli bir duyguyu neden hissettiklerini paylaşırlarsa, altta yatan ihtiyacı da ifade etmeye çalışmalarını onlara hatırlatın. Örneğin katılımcılardan biri "Rahatsız hissediyorum çünkü sözüm yarıda kaldı" yerine, "Rahatsız hissediyorum çünkü tam alarm çaldığında heyecan verici bir fikri paylaşmak istiyordum - ihtiyacım katkıda bulunmaktı" diyebilir.

> Kurduğunuz alarm dışında yaşayabildiğiniz kesintilere dikkat edin. Bu planlanmamış kesintiler hakkında farklı hissedip hissetmediğinizi ve bu duygularla hangi ihtiyaçların ilişkili olduğunu belirlemeye çalışın.

Sessizlik süresi tamamlandıktan sonra lider, dikkati yeniden sessizlikten önce konuşan kişiye yönlendirir. Bu oturum sırasında herkesin "duygu ve ihtiyaç" listelerini yanlarında bulundurması yararlı olabilir. (Bkz. *Ek 2 ve 3.*)

Etkinlik 2: Duyguları İfade Etmek

Kitapta Bölüm sonunda (Alıştırma 2) bulunan "Duyguları İfade Etmek" alıştırmasını grupla birlikte yapın. Alıştırmayı tamamladıktan sonra gruptan aldığınız yanıtları Marshall'ın yanıtlarıyla karşılaştırın.

Not: Çemberinizdeki birçok kişi bu alıştırmayı daha önce kendi başına yaptıysa, aşağıdaki alternatif alıştırmayı kullanın.

> Her iki etkinliği de kendi başınıza yapmayı deneyin. Yanıtlarınızı defterinize not edin.

Alternatif Etkinlik 2: Duyguları İfade Etmek

Aşağıdaki ifadelerin her birinde, konuşan kişinin duygularını ifade ettiğini düşünüyor musunuz? Düşünmüyorsanız, lütfen böyle oluncaya kadar cümleyle oynayın.

1. "İş yerinde hiç kimse önerilerime cevap vermediğinde kendimi dışlanmış hissediyorum."
2. "Böyle bir şeyi nasıl yapabildiğini anlamak mümkün değil."
3. "Bu benim başıma gelseydi ben de çıldırırdım."
4. "Beni yoruyorsun."
5. "Artık kendi arabam ve maaşım olduğu için kendimi bağımsız hissediyorum."
6. "Onun fotoğrafını gazetenin ilk sayfasında görünce hayrete düştüm."
7. "Beni kasten sinirlendirdiğini hissediyorum."
8. "Bütün bu yeni teknolojinin gelmesiyle bozguna uğramış hissediyorum."
9. "Onlara karşı kaba davrandığımı hissediyorum."
10. "Şimdi evi bomboş görmenin onun için ne kadar büyük bir hayal kırıklığı olduğunu hissediyorum."

Etkinlik 3: Bireysel Pratiği Gözden Geçirmek

Bireysel Pratiğin üzerinden geçin. Tüm çalışmayı gözden geçirmek için zaman olmayabileceğinden, katılımcılardan en çok ele almak istedikleri kısımları seçmelerini isteyin. #2, #4, #5 ve #6 üzerine tartışmak için zaman sınırı belirlemek isteyebilirsiniz.

Dört – Liderin Kılavuzuna Örnek Yanıtlar

Alternatif Etkinlik 2 İçin Yanıtlar: Duyguları İfade Etmek

NOT: Aşağıdakiler Şiddetsiz İletişim örnekleri değil, yalnızca duygu bileşenine dair örneklerdir.

1. "İş yerinde kimse önerilerime cevap vermediğinde *endişeli* hissediyorum.
2. "Böyle bir şeyi nasıl yapabildiğin konusunda çok *şaşkınım.*"
3. "Başına geleni duyunca *tasalandım.* Ben olsam çıldırırdım."
4. "*Yorgun* hissediyorum."
5. "Kendi arabam ve maaşım olduğu için *mutlu* ve *gururlu* hissediyorum."
6. "*Hayrete düşmek*" bir duyguyu ifade eder.
7. "Beni kasten sinirlendirdiğini düşündüğüm için *kızgınım.*"
8. "Bütün bu yeni teknolojinin gelmesiyle birlikte *endişeleniyorum* ve *cesaretim kırılıyor.*"
9. "Onlara karşı davranışım konusunda *pişmanlık* duyuyorum."
10. "Şimdi evin tamamen boş olduğunu görünce ne kadar büyük bir hayal kırıklığına uğradığını düşünüp *üzülüyorum.*"

> Yukarıdaki örnek yanıtları inceleyin. Sizin yanıtlarınızla ne tür benzerlikler ve farklılıklar görüyorsunuz? Marshall'ın kitabında ilgili bölümündeki "Duygular ve Duygu Sanılanlar" başlığı altındaki sözcük listesini ("terk edilmiş", "istismar edilmiş" vb.) gözden geçirerek başkalarının size nasıl davrandığına ilişkin düşüncelerden ziyade duyguları ifade eden sözcükleri seçtiğinize emin olun.

Bölüm için Alıştırmalar-5: Duygularımızın Sorumluluğunu Üstlenmek

Beş - Bireysel Ev Çalışmaları

Gözden Geçirme

1. "Uyaran" ve "neden" arasındaki fark nedir?
2. İçimizde uyanan belirli bir duyguya "neden" olan nedir?
3. Zor bir mesajı duymanın dört seçeneği nedir?
4. Duygularımızın sorumluluğunu üstlenerek konuşmanın yolu ne olabilir?
5. Suçluluk psikolojisi yaratmanın (birini suçluluk duygusuyla harekete geçirmenin) ardındaki temel mekanizma nedir?
6. Marshall, kendi duygularımızın sorumluluğuna dair bilincimizi derinleştirmenin bir yolu olarak hangi ifadeyi kullanmayı öneriyor?
7. Neye ihtiyacımız olduğunu doğrudan ifade etmek yerine, bir şey istediğimizde başkalarıyla genellikle nasıl iletişim kurarız? Böyle yaptığımızda ne tür bir tepki almamız muhtemeldir?
8. Bizim istediğimiz veya rica ettiğimiz şeye diğer insanların şefkatle yanıt vermesini nasıl kolaylaştırabiliriz?
9. Özellikle kadınların ihtiyaçlarını ifade etmeleri neden zor veya acı verici olabilir?
10. İhtiyaçlarımızı ifade etmemenin olası sonuçları neler olabilir?
11. Bu bölümde bahsedildiği biçimde duygusal gelişimin üç aşamasını tanımlayın.

Bireysel Pratik

1. Aşağıdakileri yazın:
   a. Belirgin bir duygu yaşadığınız bir durumu kısaca tasvir edin,
   b. duyguyu adlandırın,
   c. uyaranı tanımlayın ve
   d. duygunun nedenini belirleyin.

2. 1. maddede (yukarıda) belirlediğiniz durumda, dört seçeneğin her birini kullanarak nasıl yanıt vermiş olabileceğinize dair bir örnek yazın.

3. Suçluluk duygusunu kullanarak başkalarını harekete geçirmeye dair bir örnek verin ve bunun nasıl işe yarayabileceğini açıklayın.

4. Bir başkasının duygularının "sorumluluğunu almak" ile başkalarına "şefkatle özen göstermek" arasındaki farkı açıklayın.

5. Kendi duygularımıza dair sorumluluğumuzu maskeleyebilecek yaygın konuşma kalıplarının her birine birer örnek verin:
   a. kişi belirtmeyen işaret zamirlerinin kullanımı
   b. sadece başkalarının eylemlerinden söz edilen ifadeler
   c. "(Bir duygu) hissediyorum çünkü…" ifadesinin ardından ben yerine başka bir kişi isminin ya da zamirinin kullanımı

6. 5. maddede (yukarıda) verdiğiniz her örneği "... hissediyorum çünkü ben…" ifadesini kullanarak değiştirin.

7. Kendi yaşamınızda aşağıdaki ihtiyaçlarınızın karşılanmadığı belirli bir durum seçin:
   a. özerklik
   b. kutlama
   c. bütünlük
   ç. başkalarından anlayış görmek
   d. başkalarına anlayış göstermek
   e. topluluk
   f. barış / huzur

8. Duygusal gelişimin üç aşaması doğrusal bir ilerleme olarak

tanımlanmakla birlikte, çoğumuz bilinç ve duygusal olgunlukta gelişmeye devam ederken bir ileri bir geri gittiğimizi fark edebiliriz. Kendi yaşamınızda bu üç aşamanın her birini tasvir eden durumlar hatırlıyor musunuz?

Beş – Liderin Kılavuzu

Etkinlik 1: Olumsuz Bir Mesajı Duymanın Dört Seçeneği

Bu etkinlik beş katılımcı gerektirir. Bir kişi, "Duyması zor" bir ifadede bulunur; örneğin, "Görüşlerini sürekli olarak başkalarına empoze etmen gerçekten mide bulandırıcı." Bu ifadeyi duygusuyla birlikte diğer dört katılımcının her birine tekrarlayacaktır.

Diğer dört katılımcı, bu mesajı duymanın farklı birer seçeneğini seçer. Her biri, kendi seçeneğini yansıtan bir düşünceyi sesli olarak ifade edecektir.

Örnek:

Seçenek 1: Suçlama duyan ve kendini suçlayan kişi aşağıdaki düşünceyi gruba sesli olarak ifade edebilir: "Aman Tanrım, tam bir kontrol delisiyim! Aynı annem gibi davranıyorum. İnsanların beni mide bulandırıcı bulmasına şaşmamalı."

Seçenek 2: Suçlama duyan ve konuşanı suçlayan kişi şu düşüncede olabilir: "Evet, şu gerizekâlı dinlemeye zahmet etseydi, bu salondaki herkesin benimle aynı fikirde olduğunu anlardı!"

Seçenek 3: Dikkatini kendi duygu ve ihtiyaçlarına odaklayan kişi şunları ifade edebilir: "Ah... Üzülüyorum; çünkü aslında yardımcı olmaya çalıştığıma dair daha çok anlayış görmek istiyorum."

Seçenek 4: Dikkatini konuşanın duygu ve ihtiyaçlarına odaklayan kişi şu düşünceye sahip olabilir: "Hmm... Acaba rahatsız mı oldu; çünkü herkesin görüşlerinin duyulup dikkate alınmasını mı istiyor?"

Beş kişi ilk turu tamamladıktan sonra rolleri değiştirin. Gerekirse, bu etkinliği beş kişiden büyük veya küçük gruplara uygun olacak şekilde düzenleyin. İdeal durumda her katılımcı beş rolü de pratik etme fırsatı bulur.

NOT: Bu etkinlik için, her birinde aşağıdaki yazılar bulunan beş büyük kartlık bir set oluşturmak faydalı olacaktır:
- (birinci kart) Duyması zor mesaj
- (ikinci kart) Birinci Seçenek: Suçlama duyar ve kendini suçlar
- (üçüncü kart) İkinci Seçenek: Suçlama duyar ve başkalarını suçlar
- (dördüncü kart) Üçüncü Seçenek: Kendi duygu ve ihtiyaçlarını sezer
- (beşinci kart) Dördüncü Seçenek: Başkalarının duygu ve ihtiyaçlarını sezer

Beş katılımcıya birer kart verin ve turun sonunda her kartın elden ele bir sonraki kişiye uzatılmasını isteyin.

> ◎ Bu etkinliği kendi başınıza yapmayı deneyin, kendi ifadenizi oluşturup dört farklı biçimde yanıt verin. Yanıtlarınızı defterinize not edin.

Etkinlik 2: "Benim İhtiyacım Ne?"

A. Bu alıştırmada gruba rehberlik ederken herkesi sırayla bir ifadeyi yüksek sesle okuyup olası ihtiyaçları belirlemeye davet edin.

Şu soruyla başlayın: "Bir buluşma sırasında kafamda aşağıdaki düşünce olsa, ihtiyacım ne olabilir?"

1. "O sorumsuzun teki: Gelmeyeceksek birilerine haber vereceğimize dair anlaşma yaptık."
2. "Buradaki herkes Şiddetsiz İletişim'i benden daha iyi biliyor."
3. "Az önce söylediği şey tamamen sorumsuzca!"
4. "Her seferinde en çok o konuşuyor."
5. "Terapiye ihtiyacı olanlar profesyonel yardım almalı. Burada bu seviyede bir fonksiyon bozukluğuyla baş edemeyiz!"
6. "Bu çok sıkıcı."

7. "Böyle bir grupta saldırgan cinsiyetçi dil kullanılmasını engelleyen bir kural olmalı."
8. "Umarım sesim titremeye başlamaz."
9. "İşte yine başladı... Keşke biri onu sustursa!"
10. "Önümüzdeki hafta lider olma sırası ona gelsin hele. Onun beni ezdiği gibi ben de onun sözünü keseceğim. Görsün bakalım ne kadar hoşuna gidecek!"
11. "Müthiş soğuk ve katı bir grup bu."
12. "Üç seferdir geç gelerek açılış çemberimizi bozuyor."
13. "Bütün bu zihinden konuşmalar beni deli ediyor."
14. "Bu kadar çiçek böcek olmalarına dayanamıyorum. Şiddetsiz İletişim'in kibar olmakla bir ilgisi olmadığının farkında değiller mi?"
15. "Hey, bir Şiddetsiz İletişim alıştırma grubunda Şiddetsiz İletişim konuşmamız gerekiyordu, değil mi ama?!"
16. "İnsanların bu buluşmalara hazırlanmayıp ev çalışmasını yapanlardan cevap beklemesi beni sinir ediyor."

> Bu etkinliği kendi başınıza yapmayı deneyin. Yanıtlarınızı defterinize not edin.

B. Şimdi katılımcıları sırayla her bir ifadeyi olası bir gözlem, duygu ve ihtiyaca tercüme etmeye davet edin. Örnek 1: *"O sorumsuzun teki. Gelmeyecek isek birilerine haber vereceğimize dair anlaşma yapmıştık."* Tercüme: *"Hiçbirimizin ondan telefon almadığını duyduğumda hayal kırıklığına uğradım; çünkü yaptığımız anlaşmalara uyacağımıza güvenebilmek istiyorum."* (Evrensel ihtiyaçlar: güvenilirlik, güven, bütünlük.)

> Bir televizyon programı veya film izleyin; karakterlerin buna benzer açıklamalar yaparken ihtiyaçlarını tanımlamayı deneyin. Yanıtlarınızı defterinize not edin.

Beş – Liderin Kılavuzuna Örnek Yanıtlar

Etkinlik 2A için Yanıtlar: "Benim İhtiyacım Ne?"

1. güvenilirlik, saygı, dikkate alınma
2. yetkinlik, kabul, saygı
3. anlayış, empati, dürüstlük
4. karşılıklılık, dikkate alınma, verimlilik
5. güvenlik, bütünlük, yetkinlik
6. canlılık, amaç, büyüme-gelişme
7. saygı, topluluk, destek
8. kabul, yetkinlik, etkililik
9. dikkate alınma, bağlantı, canlılık
10. empati, takdir, destek
11. dahil olma, sıcaklık, topluluk
12. işbirliği, saygı, düzen
13. bağlantı, anlam, doğallık
14. hakikilik, bağlantı, anlayış
15. işbirliği, güvenilirlik, bağlantı
16. karşılıklılık, takdir, destek

> Bu örnek yanıtları gözden geçirin; sizin yanıtlarınızla benzerliklerine ve farklılıklarına dikkat edin. Bu farklılıklar size ne söylüyor? Bu yanıtları gözden geçirdikten sonra kendi yanıtlarınızda yapmak isteyebileceğiniz değişiklikler var mı?

Etkinlik 2B için Yanıtlar: Tercüme Etmek

1. "Hiçbirimizin ondan telefon almadığını duyduğumda hayal kırıklığına uğradım; çünkü yaptığımız anlaşmalara uyacağımıza güvenebilmek istiyorum."

BEŞ – LİDERİN KILAVUZUNA ÖRNEK YANITLAR / 103

2. "İhtiyaçlarınızı bu kadar çabuk ifade ettiğinizi gördüğümde endişeleniyorum; çünkü daha yetkin olmak istiyorum. Aynı zamanda gerginim; çünkü bu grupta kabul edilmeyi umuyorum."

3. "Olanlardan kendisinin sorumlu olmadığını söylediğini duyduğumda tepem atıyor; çünkü daha iyi anlaşılmaya ve biraz empati almaya ihtiyacım var."

4. "Son soruyu cevaplamasının ne kadar sürdüğünü hatırladığımda sabırsız hissediyorum; çünkü grubun zamanını daha verimli kullanmak istiyorum."

5. "Bu son diyaloğu izledikten sonra gerçekten endişeli hissediyorum; çünkü insanların duygusal ihtiyaçlarının hakkıyla gözetilmesini istiyorum ve bunu burada yapabilecek becerilere sahip olduğumuzdan emin değilim."

6. "Eğitmenin süreci anlattığını duyduğumda sıkılıyorum; çünkü yeni bir şeyler öğrenmeye ihtiyacım var."

7. "Bu grupta bu tür sözcükler kullanıldığını duyduğumda inciniyorum; çünkü saygıya değer veriyorum ve bazılarımızın bu ifadeleri duymaktan etkilenebileceğinin daha fazla dikkate alınmasını istiyorum."

8. "Bazen gerginken sesimin titrediğini hatırladığımda daha da geriliyorum; çünkü etkili iletişim kurabilmek ve anlaşılmak istiyorum."

9. "Onun tekrar konuşmaya başladığını gördüğümde çileden çıkıyorum; çünkü herkesin eşit konuşma fırsatına sahip olmasını istiyorum."

10. "Ben sözümü bitirmeden konuşmaya başladığında inciniyorum; çünkü gruba liderlik etmek için gösterdiğim çaba için daha fazla destek görmek istiyorum."

11. "İlk kez gelen katılımcıları selamlayan kimse görmediğimde huzursuz oluyorum; çünkü sıcak ve kapsayıcı bir alana değer veriyorum."

12. "Onun üçüncü kez açılış çemberi sırasında geldiğini gördüğümde rahatsız oluyorum; çünkü geç gelmenin akışımızı nasıl etkilediğinin daha fazla dikkate alınmasını istiyorum."

13. "Senin söylediklerini dinlediğimde kafam karışıyor ve yoruluyorum; çünkü aramızda kalp seviyesinde bir bağlantı ve anlayış olmasını istiyorum."

14. "Akşam boyunca onlarca iltifat, övgü ve olumlu yargı duyduğumda rahatsız oluyorum; çünkü hakiki bağlantı özlüyorum."

15. "Konuşmamızda bu kadar çok değerlendirme duyduğumda endişeleniyorum; çünkü burada amacımıza odaklanarak, Şiddetsiz İletişim'i pratik ederek ve birbirimizle dürüstlük ve empati temelli ilişkiler kurarak zaman geçirmek istiyorum."

16. "Ev çalışmalarını aynı üç kişinin yaptığını gördüğümde sinir oluyorum; çünkü eşit katılım ve paylaşım istiyorum."

> Bu örnek yanıtları gözden geçirin; sizin yanıtlarınızla benzerliklerine ve farklılıklarına dikkat edin. Bu örneklerde kullanılan duygu ve ihtiyaç sözcüklerinin, sizin seçtiğiniz sözcüklerden ziyade kitaptaki sözcüklerle örtüştüğü durumlar var mı? Bu farklılıklar size ne söylüyor? Bu farklılıkları gördüğünüzde nasıl hissettiğinizi ve burada verilenlerden farklı yanıtlar yazmış olmakla ilgili olası ihtiyaçlarınızı not edin.

Bölüm için Alıştırmalar-6: Hayatı Zenginleştirecek Olanı İstemek

Altı – Bireysel Ev Çalışmaları

Gözden Geçirme

1. Şiddetsiz İletişim'de "rica"nın unsurları nelerdir? Ricanın amacı nedir? Ricayı nasıl ifade ederiz? Ricanın talepten farkı nedir? İfademizin bir talep mi yoksa bir rica mı olduğunu nasıl "test edebiliriz"?
2. Aşağıdaki durumlarda ne olması muhtemeldir?
   a. Ricalarımızı muğlak ve soyut bir dilde ifade ettiğimizde
   b. Ne istediğimizi sadece duygularımızı ifade ederek söylediğimizde
3. Konuşan kişi gerçekten bizden ricada bulunsa da neden bazen talep duyuyoruz?
4. Yazar, ne zaman birisine bir şey söylesek bir şey rica ettiğimize inanıyor. Karşımızdaki insandan isteyebileceğimiz üç şeyi listeleyin.
5. Birinden ona az önce söylediklerimizi kendi sözleriyle tekrarlamasını istemenin nedeni nedir?
6. Birinden duyduğunu tekrarlamasını istediğimizde karşımızdaki kişi sinirlenirse ne yapabiliriz?
7. Bir grupta konuşurken, ne istediğimiz konusunda net olmak neden önemlidir?

8. Marshall neden Hintlilerin "bas" deme geleneğinden söz ediyor?
9. Şiddetsiz İletişim'i uygulamanın amacı nedir? Şiddetsiz İletişim'i uygulamanın uygun olmadığı durumlar var mıdır?
10. Talepleri ifade eden (veya bunlarla ilişkili) bazı yaygın sözcükleri listeleyin.

Bireysel Pratik

1. Birisiyle yaptığınız ve sizi tatmin etmemiş olan bir konuşmayı hatırlayın. Bu durumda olumlu eylem dili kullanarak yaptığınız veya yapmış olabileceğiniz bir veya birkaç ricayı sıralayın.
2. Yukarıdaki aynı durum için, gözleminizi, duygunuzu ve ihtiyacınızı karşınızdaki kişiye nasıl aktarabileceğinizi yazın. Ardından şunlarla devam edin:
   a. dinleyenin ne hissettiğine dair bir rica ve
   b. dinleyenin ne düşündüğüne dair bir rica.
3. Başkalarıyla konuşurken onlardan ne istediğinize dair bilincinizi güçlendirmek için ne yapabilirsiniz?
4. Birinden az önce söylediklerinizi size tekrarlamasını istemek için kullanabileceğiniz ifadeleri yazın.
5. Diğer kişi (yukarıdaki 4. maddede) "Seninle konuşmak ızdırap verici - duyduklarımı tekrar etmekten gına geldi. Bana aptalmışım gibi davranıyorsun" yanıtını verirse ona ne söyleyebileceğinizi yazın.
6. Bir toplantıda veya grupta söylediğiniz (veya söylediğinizi hayal edebileceğiniz) bir şey düşünün. Ne istediğinizi açıkça belirttiniz mi? Belirtmediyseniz, bunu nasıl yapabilirdiniz?
7. Birinden bir şey istediğiniz belirli bir durumu hatırlayın. Bu bir rica mıydı, yoksa bir talep miydi? Bunu nereden biliyorsunuz?
8. Kendi kendinizle konuşurken, talepte mi yoksa ricada mı bulunduğunuzu fark edin. Örnekler verin.

Altı – Liderin Kılavuzu

1. Bu oturumda "ricalar"ın altını çiziyor olsak da, ricaların kendimiz ve başkaları arasında kalp seviyesinde bağ kurmaya ilham vermeyi amaçlayan Şiddetsiz İletişim sürecinin yalnızca bir bileşeni olduğunu gruba hatırlatmak faydalı olabilir. Rica ettiğimiz davranışı net olarak tanımlamak, ihtiyaçlarımızın karşılanması için önemlidir. Ancak, tek başına bir ricanın "mükemmel formüle edilmiş" olması, rica edilen davranışa yol açacağı anlamına gelmez. Karşılamaya çalıştığımız ihtiyaçta köklenmek ve bu ihtiyacı karşılamanın birçok yolu (birçok farklı rica, davranış, strateji ve çözüm) olduğunu hatırlamak isteriz.

2. Karşımızdakiyle bir "Şiddetsiz İletişim dansı" (saygı dolu diyalog) başlattığımızda, birbirimizle bağlantı kurduğumuz ve kalplerimizin açıldığı alandan çıkan "çözüm" (veya "üzerinde anlaşmaya vardığımız davranışlar"), diğer kişiye bu diyalogdan önce yaptığımız ricadan son derece farklı olabilir. Şiddetsiz İletişim'de ricaları, isteklerimizi elde etmedeki başarımızı sınamak için değil, dansa devam etmek için kullanmayı düşünelim. Ayrıca yaygın kullanılan Şiddetsiz İletişim ricasını da hatırda tutmak anlamlı olur: 1) Empati için, "Az önce benden duyduklarını tekrarlamak ister misin?" ve 2) Dürüstlük için, "Anlattıklarımı duyduğunda ne hissettiğini söylemek ister misin?" ya da "Az önce anlattığım (belirli bir konu) hakkında ne düşündüğünü söylemek ister misin?"

Etkinlik 1: Dört Bileşenin Tümünü Biçimsel Şiddetsiz İletişim Dilinde Kullanmak

Birinin aşağıdaki ifadeleri kullandığı durumlar hayal edin. Her vakada, ricanın olumlu, somut ve şimdiki zamanda yapılabilir olmasına özellikle dikkat ederek ve "biçimsel Şiddetsiz İletişim" dilinin dört bileşenini kullanarak ifadeyi tercüme edin.

1. "Köpeğiniz az önce çimlerimi mahvetti." (Şu şekilde tercüme edin: "Köpeğinizin ... gördüğümde [gözlem] ... hissedi-

yorum [duygu] çünkü ...'a ihtiyacım var [ihtiyaç]; bu nedenle ... yapar mısınız [rica]?")

2. "Küfür kıyamet bağırıp çağırınca istediğini elde edeceğini zannetme."

3. "Paranı yatırım fonlarına yatırdığında silahları, tütün dükkanlarını, insanları köle gibi çalıştıran işyerlerini ve bu dünyada değiştirmeye çalıştığımız her şeyi desteklemekten başka bir şey yapmıyorsun.

4. "Bu çorba çok yüksek kalorili."

5. "Bu şirkette ekip çalışmasına ihtiyacımız var. Bu senin için bir öncelik değilse, başka bir iş araman iyi olur."

6. "Hey çocuklar, el fenerleri oyuncak değil. Pilleri boşa harcamayın. Gereksiz masraf oluyor."

7. "Okul gününün ortasında hangi aleme gittiğini sanıyorsun?"

8. "Ama iki hafta önce bana bu ay hafta sonunu uzatıp tatil yapmamın iyi olacağını söylemiştin."

9. "Tatlım, bebek kustu."

10. "Bu söylediğin Şiddetsiz İletişim değil."

> Bu etkinliği kendi başınıza yapmayı deneyin. Yanıtlarınızı defterinize not edin.

Etkinlik 2: İhtiyaçları Karşılamak İçin Ricalar

Grupta bir dakika sessizlik yapıp herkesin hayatında bazı ihtiyaçların karşılanmadığı bir durum hatırlamasını isteyin. Katılımcıların karşılanmayan ihtiyaca yönelik bir rica (kendilerinden veya bir başkasından) oluşturmalarını isteyin.

Daha sonra her katılımcı:

1. ricasını doğrudan bir ifade şeklinde sunar, örn.:
"_____ razı mısın / yapabilir misin?" ve

2. grup için açık değilse durumu (çok kısa - en fazla 1-2 cümleyle) açıklar. Bir sonraki kişiye geçmeden, gruptaki herkesin ricanın olumlu ve şimdiki zamanda yapılabilir olduğu konusunda mutabık kaldığından emin olun.

> Bu etkinliği kendi başınıza yapmayı deneyin. Yanıtlarınızı defterinize not edin. Kendinizi, ricanızı duyan birinin yerine koyun. Kendinize şunu sorun: "Eğer bu ricayı duysaydım, benden hangi somut eylemi ne zaman yapmamın istendiğini anlar mıydım?"

Altı – Liderin Kılavuzuna Örnek Yanıtlar

Etkinlik 1 İçin Yanıtlar: Dört Bileşenin Tümünü Biçimsel Şiddetsiz İletişim Dilinde Kullanmak

1. "Köpeğinizin çimlere tuvaletini yaptığını gördüğümde üzülüyorum. Burada oynayan çocuklarımız var; bahçenin onlar için güvenli ve temiz bir alan olmasını istiyorum. Bu poşeti alıp köpeğin kakasını temizler misiniz?"

2. "Bana böyle hitap ettiğini duyduğumda rahatsız oluyorum; çünkü işbirliğine ve farklılıklarımızı barışçıl bir yolla çözmeye ihtiyacım var. Benim ne olduğumu düşündüğün yerine şu anda ne hissettiğini ve neye ihtiyacın olduğunu söyler misin?"

3. "Paranı yatırım fonlarına yatırdığını duyduğumda moralim bozuluyor; çünkü silah ve tütün endüstrisini, çalışanların az maaş aldığı kötü çalışma koşullarına sahip işyerlerini desteklemek yerine kaynaklarımızı değer verdiğimiz şeylere akıttığımızı görmek istiyorum. Bu söylediklerimi duyduğunda ne hissettiğini bana söylemek ister misin?"

4. "Bu çorbanın yüksek kalorisi konusunda endişeliyim; çünkü gerçekten sağlığıma dikkat etmeye ihtiyacım var. Çorba yerine bana bir kâse erişte verir misin?"

5. "Yazdığınız bu raporu okuduğumda sıkıntılı hissediyorum; çünkü ekip çalışmasına değer veriyorum ve aynı görüşte olduğumuza dair güvenceye ihtiyacım var. Bu iş için öncelikleri nasıl gördüğümüzü tartışabilmemiz için bir toplantı yapmaya ne dersiniz?"

6. "Çocuklar, sizi battaniyenin altında el fenerleriyle oynarken gördüğümde rahatsız oluyorum. Bu fenerlerin uzun süre dayanmasını istiyorum, böylece acil bir durumda onları kullanabiliriz. Onları kenara koymaya razı mısınız?"

7. "Gün ortasında okuldan çıktığını gördüğümde endişeleniyorum. Durumu anlamaya ihtiyacım var. Bana nereye gittiğini söyler misin?"

8. "Bu ay hafta sonunu uzatıp tatil yapmama 'hayır' dediğini duyduğumda ve iki hafta önce bunun iyi olacağını söylediğini hatırladığımda hayal kırıklığı ve kafa karışıklığı yaşıyorum. Netleşmek ve doğru iletişim kurduğumuza emin olmak istiyorum. Benden ne duyduğunu söylemek ister misin?"

9. "Bebeğin kustuğunu gördüğümde ...ah... iğreniyorum, çünkü etrafın temiz ve sağlıklı olmasını istiyorum. Kusmuğu silebilir misin?"

10. "Bana 'baskıcı' dediğini duyduğumda çileden çıkıyorum; çünkü anlaşılmaya ihtiyacım var. Ne yapıyorum ya da söylüyorum da beni 'baskıcı' olarak algılıyorsun, önce bunu söyler misin?

> Bu örnek yanıtları gözden geçirin; sizin yanıtlarınızla benzerliklerine ve farklılıklarına dikkat edin. Bu farklılıklar size ne söylüyor? Bu yanıtları gözden geçirdikten sonra kendi yanıtlarınızda yapmak isteyebileceğiniz değişiklikler var mı?

Bölüm için Alıştırmalar-7:
Empatiyle Anlamak

Yedi – Bireysel Ev Çalışmaları
Gözden Geçirme

1. Şiddetsiz İletişim'in "iki yönü" ve "dört bileşeni" nelerdir?
2. Empati nedir?
3. Başkalarıyla empati kurabilmek bizden hangi zihinsel durumda olmamızı ister?
4. İnsanlar, acısını veya memnuniyetsizliğini dile getiren birini duyduklarında onunla empati kurmak yerine nasıl yanıt vermeye eğilim gösterirler?
5. Marshall'ın kızı, Marshall ona harika olduğunu söyledikten sonra neden kapıyı çarparak odayı terk etti?
6. Empati ile birini zihinsel seviyede anlamak arasındaki fark nedir?
7. Sempati ve empati arasındaki fark nedir?
8. Şiddetsiz İletişim'de diğer insanların sözlerini dinlerken özellikle neye kulak veririz?
9. Marshall neden "Kendini mutsuz mu hissediyorsun, ...'ya mı ihtiyacın var?" ifade kalıbının kullanılmasını teşvik ediyor?
10. İnsanlar size karşı hoşnutsuzluklarını ifade ederken, onların ne düşündüklerinden çok neye ihtiyaç duyduklarını dinlemenin avantajı nedir?

11. Duyduğumuzu kendi sözlerimizle tekrarlamak hangi amaca/ amaçlara hizmet eder?
12. Şiddetsiz İletişim'de, duyduğumuzu kendi sözlerimizle tekrarlamak neleri içerir?
13. Duyduğumuzu Şiddetsiz İletişim dilinde kendi sözlerimizle tekrarlamakla doğrudan soru sormak arasındaki fark nedir? Duyduğumuzu kendi sözlerimizle tekrarlamanın avantajı nedir?
14. Yoğun duygular yaşıyorsanız ve birisine doğrudan sorular sormak istiyorsanız, Marshall önce ne yapmayı önerir? Neden?
15. Hangi koşullarda birinin dediklerini sözlü olarak tekrarlamayı, hangi koşullarda bundan kaçınmayı seçersiniz?
16. İnsanlar söylediklerini kendi sözlerimizle tekrarlamamıza olumsuz tepki verirlerse ne yapabiliriz?
17. Marshall, insanların bize anlattığı sorunları çözmelerine yardım etme yolunda hızlı ilerlememe konusunda bizi neden uyarıyor?
18. Karşımızdakinin yeterince empati aldığını ve devam etmeye hazır olduğunu nasıl anlarız?
19. Acı çeken biriyle empati kurmaktan bizi alıkoyan nedir?
20. Karşımızdaki kişinin empatiye ihtiyacı olduğunu biliyorsak, ancak biz empati veremeyecek kadar acı çekiyorsak ne yapabiliriz? Üç veya dört alternatif tanımlayın.

Bireysel Pratik

1. "Birini tüm varlığınızla dinleme" haline dair bir deneyiminizi hatırlayın.
2. Empatik olma becerinizi destekleyen bazı içsel (içinizde bulunan) veya dışsal koşullar nelerdir? Buna engel olan koşullar nelerdir?
3. Birine acınızı ifade edip Holley Humphrey tarafından tanımlanan yaygın davranışlardan biriyle (bu bölümde "Mevcudi-

yet: Bir Şeyler Yapmayı Bırak, Öylece Dur!" alt başlığı altında) karşılaştığınız iki deneyimi anlatın. Her iki deneyimde, aldığınız yanıttan memnun kaldınız mı? Neden evet veya neden hayır?

4. Yaygın davranışlar listesini ("yap-yap" listesi, yani empati kurmak yerine "yapmaya" meyilli olduğumuz şeyler) gözden geçirin. Hangileri size özellikle tanıdık geliyor? Yap-yap ile yanıt verdiğiniz iki durum hatırlayın. Her durum için kısaca 2 satırlık bir diyalog yazın:

   a. kişinin ne anlattığı (ifade ettiği acı)

   b. sizin yanıtınız (davranışınızın adı)

5. Şimdi b maddesine yazdıklarınıza geri dönüp ifadenizi sözlü bir empatik yanıta dönüştürün. (Gerçek hayatta elbette sessiz empati verebilirsiniz.) Empatinin, diğer kişinin duygu ve ihtiyaçlarını bilmekten çok sezmeyi veya tahmin etmeyi gerektirdiğini unutmayın. Sözlü empati verirken, yanlış tahminimize verilen yanıtın bizi doğru anlamaya yaklaştıracağı umuduyla, yanlış tahminde bulunma riskini alırız.

6. Yukarıdaki 3. maddede tanımladığınız iki duruma geri dönün ve her iki durumda, acınızı ifade ettiğiniz kişiden duymaktan keyif alacağınız empatik bir yanıt hayal edin.

7. Birinin sözlerini ona tekrarlamayı seçeceğiniz bir durum tanımlayın. Sözlerini tekrarlamamayı tercih edeceğiniz bir durum tanımlayın. Fark nereden kaynaklanıyor?

8. Marshall, Joseph Campbell'ın mutluluk için "'Hakkımda ne düşünürler?' sorusu bir kenara koyulmalıdır," dediğini aktarır ve ardından şöyle yazar: "Bu mutluluğu, bize önceden eleştiri veya suçlama gibi gelen mesajların, aslında nasıl birer armağan olduklarını gördüğümüzde hissetmeye başlarız: Bu armağan, acı çeken insanlara bir şey verme fırsatıdır."

   Görünüşte sert veya zor bir mesajın ardındaki duygu ve ihtiyacı duyma becerinizin mutluluğa - gücünüzü birinin iyiliğine katkıda bulunmak için kullanabilmeye - giden yolu açtığı bir durum hatırlıyor musunuz?

9. Birinin sözlerini ona tekrarladığınızda niyetinizin ne olmasını istersiniz? Belirli bir durumda niyetinizin bu olduğundan nasıl emin olabilirsiniz?

> Ağzınızdan çıkıp dünyaya karışan tüm sözleriniz ve her birinin ardındaki niyet üzerine tefekkür edin. Niyetinizin Şiddetsiz İletişim ile uyumlu olup olmadığına dair farkındalığınızı artırmak için ne yapabilirsiniz?

Yedi – Liderin Kılavuzu

Artık Şiddetsiz İletişim sürecinin hem iki yönünü hem de dört bileşenini öğrenmiş durumdasınız. Grup etkinlikleri bundan sonra rol oyunları (Bkz. *Birlikte Pratik Yapmak, K, s. 67*), empati oturumları (Bkz. *Birlikte Pratik Yapmak, J, s. 63*) ve yapılandırılmamış, serbest akışlı etkileşimler (bkz. *Birlikte Pratik Yapmak, I, s. 59*), aynı zamanda sürecin temellerini gözden geçirmek için yapılandırılmış pratikler de içerebilir.

Etkinlik 1: Kısa Empati Alıştırmaları

Aşağıda empati üzerine altı kısa alıştırma bulunuyor. Katılımcıların ev çalışması Bölüm II'ye verdiği yanıtların da üzerinden geçerseniz, diğer etkinliklere fazla zaman kalmayabilir.

1. İş yerinde biri size diyor ki:

    "Dün gece bugünkü sunumumuzu düşünüp durdum, saat 3'e kadar uyuyamadım. Bu sabah ayık ve canlı olmak için bolca kahve içeyim dedim... Ama şimdi kafam beni öldürüyor! Önemli bir işim olduğunda neden hep başım ağrıyor!?"

    a. Konuşanın sorusuna (son cümle) değinerek durumu zihinsel olarak anladığınızı gösteren bir yanıt verin.

    b. Sempati ifade eden bir yanıt verin.

    c. Tavsiye sunan bir yanıt verin.

    d. Empatiyi sözlü olarak ifade eden bir yanıt verin.

2. Bir toplantıda, sözünüzün ortasındayken, biri aniden size dönüp "Başkalarının konuşmasına hiç fırsat vermeyecek misin?" diyor. Bu kişiye empatiyle yanıt verin:
   a. kişinin olası gözlemini sezip geri yansıtarak
   b. kişinin olası duygu ve ihtiyacını sezip geri yansıtarak
   c. kişinin olası ricasını sezip geri yansıtarak
3. Bir evi paylaşan iki kişi arasında şu diyalog geçiyor:

   Ev arkadaşı A: *"Işıkları kapatmak hiç aklına gelmiyor."*

   Ev arkadaşı B: *"Rahatsızsın ve kaynak kullanımımız konusunda daha fazla farkındalık istiyorsun…"*

   İki kişiden yukarıdaki diyaloğu sesli olarak okumalarını isteyin. Şimdi herkesin Ev Arkadaşı B rolünü üstlenmesini ve sözleri aşağıdaki şekillerde sesli olarak tekrar etmesini isteyin:

   a. bir parça alaycılıkla
   b. açıklama yapar gibi
   c. empatik (sezen) bir şekilde

   Katılımcıların farklı tonlamalar kullanırken ne fark ettiklerini kısaca tartışın.
4. Bir başkasıyla birbirinize bozulduğunuz bir durumu hatırlayın. Karşınızdaki kişiye empatiyle yaklaşamayacak kadar bozuk olduğunuzu fark ediyorsunuz.

   a. "Şiddetsiz İletişim çığlığı atmayı" seçerseniz, diğer kişiye ne söyleyebileceğinizi yazın. (Gerekirse, kitaptaki bu bölümün sonunda yazarın "şiddetsiz çığlık atmak" konulu öyküsüne bakın.)
   b. Kendinize acil durum empatisi vermeyi seçerseniz, kendinize ne söyleyebileceğinizi yazın.
5. Birinden sözlerinizi size kendi sözcükleriyle tekrarlamasını istediğinizi, ancak onun tarafında biraz direnç hissettiğinizi varsayalım. Ona ne diyebilirsiniz?
6. Kendiniz (Şiddetsiz İletişim uygulayan bir kişi) ile şunu söy-

leyen bir kişi arasında kısa bir rol oyunu yapın: "Söylenenleri geri yansıtmamızı filan istediğini biliyorum, ama burada bir gündemimiz var. Yapılacak işlerimiz var. Bütün günü car car konuşarak geçiremeyiz."

> ◉ Bu etkinliği kendi başınıza yapmayı deneyin. Yanıtlarınızı defterinize not edin.

Yedi – Liderin Kılavuzuna Örnek Yanıtlar

Etkinlik 1 için Yanıtlar: Kısa Empati Alıştırmaları

1. Örnek yanıtlar
   a. "Muhtemelen önemli bir şeyin öncesinde çok gergin olduğun içindir. Ya da belki stres, uykusuzluk ve kafein üst üste gelince baş ağrısı yapmıştır."
   b. "Hissettiklerini ben de seninle birlikte hissediyorum. Önemli bir sunum yapmak üzereyken korkunç bir baş ağrısıyla uğraşmak ne feci şey!"
   c. "Neden bu buz torbasını alıp 10 dakika uzanmıyorsun?"
   d. "Hayal kırıklığı duyuyorsun, çünkü bu sunuma gerçekten enerjik, sağlıklı ve açık bir zihinle girmek istiyordun, öyle mi?

2. Örnek yanıtlar
   a. Ahmet haritayı gösterdiğinde benim 'Oh hayır, hayır, hayır' dememden mi bahsediyorsun?
   b. "Rahatsız oluyorsun, çünkü herkesin duyulmasını mı istiyorsun?"
   c. "Ben tekrar söz almadan önce çember dönüp herkesin sesini duymamızı ister misin?"

3. Yazılı yanıt yok
4. Örnek yanıtlar

a. "Dur! Dur, lütfen dur! Yardıma ihtiyacım var! Seni duyabilmek istiyorum, ama şu anda bunu yapamayacak kadar üzgünüm. Çaresiz hissediyorum! Yavaşlamaya ihtiyacım var! Sözlerimden ne duyduğunu bana söyler misin?"
b. "Deli mi ne! Ah, kendime empati... Verdiği tepkiyi duyunca şoke oldum, gerçekten şoke oldum... Ve anlamaya, önce bunu neden yaptığını anlamaya ihtiyacım var. Bu hiç mantıklı değil – kafam karıştı, şaşkına döndüm. Netliğe ihtiyacım var ve gerçekten, gerçekten, gerçekten, gerçekten, gerçekten üzgün hissediyorum... Üzgün, üzgün, üzgün ve hayal kırıklığına uğramış hissediyorum. Birlikte çalıştığımızı, bir takım olduğumuzu ve birbirimizi desteklediğimizi hayal etmiştim. Güvenebilmek istiyorum - anlaştığımızı sanıyordum. Kafam karıştı, üzüldüm ve incindim... Onun bunu neden yaptığını anlamak istiyorum; onun da beni anlamasını istiyorum."

5. "Başlangıçta biraz garip görünebileceğinin farkındayım ama söylediklerimi bana kendi kelimelerinle tekrarlarsan gerçekten minnettar olurum. Sana kendimi doğru ifade ettiğime emin olmak istiyorum; çünkü bağlantımız benim için çok önemli."

6. Örnek yanıtlar

   1. Kişi: *Söylenenleri geri yansıtmamızı filan istediğini biliyorum, ama burada bir gündemimiz var. Yapılacak işlerimiz var. Bütün günü car car konuşarak geçiremeyiz.*

   2. Kişi (Şiddetsiz İletişim uygulayan): *İşimizi bitireceğimizden emin olmak istiyorsun, öyle mi?*

   1. Kişi: *Yüzde yüz. Kararlarımızda netleşmek için bugün ele almamız gereken çok konu var.*

   2. Kişi (Şiddetsiz İletişim uygulayan): *Biraz endişeli misin, buradaki tartışmalarımızın verimli olacağına ve netlik sağlayacağına dair güvenceye mi ihtiyacın var?*

   1. Kişi: *Aynen.*

   2. Kişi (Şiddetsiz İletişim uygulayan): *Bunları duyduğu-*

ma memnun oldum. Benim de ihtiyacım seninle aynı. Birimizin söyledikleri üzerine bir başkası konuşmadan önce duyduklarımızı geri yansıtırsak, bu ihtiyacımın karşılanacağına daha emin olurum. Bunu denemeye ne dersin?

> Bu örnek yanıtları gözden geçirin; sizin yanıtlarınızla benzerliklerine ve farklılıklarına dikkat edin. Bu farklılıklar size ne söylüyor? Bu yanıtları gözden geçirdikten sonra kendi yanıtlarınızda yapmak isteyebileceğiniz değişiklikler var mı?

Bölüm için Alıştırmalar-8:
Empatinin Gücü

Sekiz – Bireysel Ev Çalışmaları

Gözden Geçirme

1. Hümanist psikolojinin babası Carl Rogers ile ilkokul öğrencisi Milly'yi aynı noktada buluşturan anlayış nedir?
2. Kırılganlığımızı ifade etmekten (yani, başkalarının içimizde gerçekten neler olduğunu görmelerine izin vermekten) en çok çekindiğimiz koşullar hangileridir? Bu durumlarda ne yapabiliriz?
3. Size "hayır" diyen biriyle empati kurabilmek neden önemli?
4. Marshall öfkeli birine "ama"mızı göstermemek konusunda bizi neden uyarıyor?
5. Yazara göre sohbetlerin canlılığı neden eriyip gidiyor? Cansız bir sohbeti canlandırmanın yolları neler olabilir?
6. Birçoğumuz için "söz kesmek" toplumsal bir tabudur. Yazara, konuşanın sözlerini, cümlesinin orta yerinde bölme cesaretini veren nedir?
7. Konuşmayan ve sorularımıza cevap vermeyen birinin karşısında ne yapabiliriz?

Bireysel Pratik

1. Çatışma yaşadığınız iki durumu aklınıza getirin – biri "sizden üstün" konumda gördüğünüz biriyle (örn. bir otorite figürü);

diğeri ise bir biçimde size bağlı veya bağımlı olan biriyle (bir çocuk, sizin için çalışan biri, vb.) olsun. Bu iki farklı kişiyle empati kurma fikri size nasıl geliyor? Empati kurmakta yaşayabileceğiniz kolaylık (veya zorluk) bakımından ikisi arasında bir fark görüyor musunuz?

2. Cleveland çetesi üyeleri yazara alaycı bir şekilde güldüler: "Ah, şuna da bakın, kalbi kırılmış; vah zavallı!" Yazarın, zor bir mesajı duymanın dört seçeneğini kullanarak bu sözlere nasıl yanıt vermiş olabileceğini not edin:
   a. kendini suçlayarak,
   b. diğerlerini suçlayarak,
   c. kendi duygu ve ihtiyaçlarını sezerek
   d. diğerlerinin duygu ve ihtiyaçlarını sezerek

3. Birinin size gülerek veya sizinle alay ederek eğlendiğini, acı duymanızdan zevk aldığını, zorbalık yaptığını veya size zarar verme niyeti taşıyıp sizden intikam alma isteği duyduğunu düşündüğünüz bir durumu hatırlayın.
   a. Bu durumu zihninizde canlandırdığınızda içinizde açığa çıkan duygu ve duyumlara eşlik etmek için kendinize zaman ayırın.
   b. Hangi duygu ve ihtiyaçları fark ediyorsunuz? (Birçok duygu ve ihtiyaç olabilir.)

4. Başka birine gülerek eğlendiğiniz, acı duymasından zevk aldığınız veya onu incitmek niyetinde olduğunuz bir durumu hatırlıyor musunuz? Hatırlıyorsanız, o anda hissettiğiniz duygularla empati kurun. Kişiyi acı içinde görmekten aldığınız zevke eşlik eden duygularınız nelerdi? Karşılanan ve karşılanmayan ihtiyaçlarınız nelerdi?

5. 3. soruda hatırladığınız duruma tekrar dönün. Bu kez, diğer kişi sizin incindiğinizi görmekten mutlu görünse bile, onda hangi duygu ve ihtiyaçların canlı olduğunu sezerek onunla empati kurmayı deneyin.

6. Sizce, çoğu kez bir yabancıyla veya pek tanımadığımız biriyle empati kurmak, bize en yakın olanlarla empati kurmaktan neden daha kolay oluyor?

7. "Hayır"ı "evet"e tercüme etmeyi pratik edin. Bir şeye "hayır" dediğimizde, aslında başka bir şeye "evet" deriz. Örneğin, "Dondurma yemek için dışarı çıkmaya 'hayır'ımın ardında, kendimi güvende hissettiğim bir yerde kalmaya 'evet'im var." Birine "hayır" dediğiniz iki veya üç durum hatırlayın. "Hayır"ınızın ardındaki "evet" neydi? Ne istediğinizi veya neye ihtiyaç duyduğunuzu ifade etmek için olumlu dil kullanın.

8. Biriyle konuşurken sıkıldığınız bir an hatırlıyor musunuz? Hatırlıyorsanız, bu durumda ona Şiddetsiz İletişim'i kullanarak ne söylemiş olabileceğinizi yazın. O anda konuşmayı canlandırmak için ifade etmiş olabileceğiniz sözlere dair iki farklı örnek daha verin.

9. Karşınızdaki kişinin sizinle konuşmadığı ya da sorularınıza yanıt vermediği bir durumu hayal edin veya hatırlayın.

    a. Sizin duygu ve ihtiyaçlarınız neler olabilir?

    b. Diğer kişinin duygu ve ihtiyaçları neler olabilir?

    c. Bu durumda diğer kişiyle ne şekilde empatik bağlantı kurabilirsiniz?

    d. Bu durumda kendinizi nasıl ifade edebilirsiniz?

10. *Yargıları Kendine Empatiye Tercüme Etmek* tablosunu (s. 123) gözden geçirin.

    a. Bir kadın tablonun başında bulunan ifadeyi dinler. (Bu sözler "Uyaran"dır.)

    b. Suçlama ve eleştiri duyar; düşünceleri "Onun sorunu ne?"ye yönelir. ("Hayata Yabancılaştıran Düşünceler" – sol sütun)

    c. Kendi düşüncelerini bilincine getirerek, acı içinde olduğunun farkına varır. Ardından düşüncelerini "kendine empatiye" tercüme etmek için bilinçli bir çaba gösterir (sağ sütun). "Onun sorunu ne?" yerine kendi ihtiyaçlarına odaklanırsa, ihtiyaçlarının karşılanma olasılığının çok daha yüksek olduğunun farkındadır.

    Kadının, alışıldık düşünme biçimlerini tercüme ederken kendine söyleyebileceklerine dair verilen bu örnek, sözsüz olarak gerçekleşen kendine empatinin özünü vermiyor. Kendine empati, durmamızı ve içsel deneyimimizle bütünüyle *mevcut olmamızı* gerektirir. Bu, ne hissettiğimiz üzerine *düşünmek* değildir. Ne hissediyorsak onu *hissetmektir*; duygularımızdan çekinmeden, onları değiştirmeye çalışmadan ya da zihin seviyesine çıkmadan o anda mevcut olan her türlü duyumun akmasına açık olmaktır. Kendine empati, karşılanmayan ihtiyacımızı doğru sözcüklerle başarılı bir şekilde tanımlamakla ilgili değil, karşılanmamış ihtiyacın özlemini içimizde tam olarak hissetmekle ilgilidir. Şipşak bir çözüm değildir. Zaman isteyebilen bir süreçtir; tamamlanmasına izin verdiğimizde, yaşadığımız deneyimde bir değişime, derinleşmeye ve bir rahatlamaya yol açar.

NOT: Bazen "olumsuz" olarak nitelediğimiz duyguların "içine gömülme" ya da bu duygulardan "haz duyma" kaygısı canlanır. Bu duygulara dikkatimizi verirsek onları besleyeceğimizden korkabiliriz. Kendine empati, canlanan duyguyu itmeden (inkâr etmeden) veya ona tutunmadan (duygunun ömrünü uzatmadan) ona tam mevcudiyet ve kabulle yaklaşmaktır.

"İyileşmek istiyorsan hissetmelisin" deyişinin doğru olduğunu zihinsel olarak bilsek de, nahoş duygulardan kaçınma eğilimimiz vardır. Duyguların "içine gömülmek", yaşadığımız duygularla mevcut olmak değil, bu duygular veya tetiklendiğimiz durumlar üzerine uzun uzadıya düşünmek demektir. Her birimizin, duyguları inkâr etmek ya da onlardan haz duymak yerine "mevcudiyetin", yani duygularımızla mevcut olmanın doğasını deneyimleyip keşfetmesi önemlidir.

---

11. Bir dış uyaranın sizde alışıldık düşünme biçimlerini tetiklediği bir durumu hatırlayın.

   a. Uyaranı, değerlendirme yapmadan gözlem dilinde yazın.

   b. Bu gözlemle tetiklenen, hayata yabancılaştıran düşüncelerinizi not edin.

   c. Bu düşünceleri tercüme edin: Ne hissediyorsunuz; bu düşüncelerin ardındaki karşılanmamış ihtiyaçlar neler? Açığa çıkan duygu ve ihtiyaçlarla sessizce oturmak için kendinize zaman ayırın. İçsel deneyiminizle tam olarak mevcut olmaya izin verdiğinizde ne yaşadığınıza dikkatinizi verin. Duyumlarda, duygularda ve zihinsel yorumlarda herhangi bir değişim oluyorsa bunları fark edin.

d. Bu süreci tamamladığınıza kanaat getirdiğinizde, keşfettiğiniz duygu ve ihtiyaçlarınız ile sizi etkilediğini fark ettiğiniz şeyleri not edin.

YARGILARI KENDİNE EMPATİYE TERCÜME ETMEK

Uyaran:
Annen bir yıl önce düştüğünde kırık kemiği var mı diye kontrol ettirme zahmetine girmediğine inanamıyorum. Onu röntgen için şehir merkezine götürmeliydin. O zaman her şey daha kolay ilerlerdi, annen de bugün sağlıklı olurdu. Meseleleri böyle boşlamamalısın. Annen bir daha yürüyemeyecek.

Hayata Yabancılaştıran Düşünceler:	Kendine Empati:
Duyarsız herif!	*Bozuldum... Benimle bu şekilde konuştuğunu duyunca fena halde bozuldum... Hem de hassas hissettiğim böyle bir zamanda... Şefkate ihtiyacım var, duyarlı birkaç söz duymak istiyorum!*
Son derece kaba birisi bu. Bana ne yapacağımı söylemeye ne hakkı var?	*Ah... hmm, burada ne hissediyorum? Sıcak hissediyorum, boynum sıkışıyor, şey hissediyorum, evet... sinirlendim, sinirlendim, göğsümde bir daralma var, off... gerginlik... "O kaba biri" diyorum - saygı istediğimi seziyorum, yaptığım seçimlerle ilgili daha fazla kabul görmek istiyorum.*
O röntgeni çektirebilmek için neler yaşadığıma dair en ufak bir fikri olmadan ağzına geleni söylüyor! Cahile bak.	*Çok incindim. Üzgünüm. O neler olduğunu bilmiyor. Anlaşılmaya ihtiyacım var. Yaşadığımız zorluklar, çektiğimiz çile fark edilsin istiyorum. Doğru görülmek ve anlaşılmak istiyorum!*

Sekiz – Liderin Kılavuzu

Gruba, tüm oturumu empati farkındalığına ve pratiğine ayırmaya niyet ettiğinizi ifade edin. Hepimiz birbirimize ve kendimize empati ile yanıt verme niyetini pratik etmeye zaman ayırsaydık dünyamız neye benzerdi? O dünyayı birlikte ziyaret etmek için iki buçuk saatiniz olduğunu hayal edin!

Bu buluşmada yaptığınız alıştırmaları empati odağında tutmak için aşağıdaki etkinliklerden birini veya bunların bir bileşimini kullanın:

a. Çember üyeleri arasında spontan canlı empatik etkileşimler

b. Empati oturumları (Bkz. *Birlikte Pratik Yapmak*, J, s. 63)

c. Bireysel Pratiğe verdiğiniz yanıtları paylaşmak

d. Empati üzerine aşağıdaki yapılandırılmış uygulamalardan ve alıştırmalardan herhangi biri:

Etkinlik 1: Empatik Diyalog

Madde bağımlıları tedavi merkezinde geçen diyaloğu okuyun ve konuşmayı kadının da adamın da en az iki kez daha söz alacağı şekilde devam ettirin. Hayatı tehdit eden bu durum sırasında kadının empatik mevcudiyetini koruduğunu hayal edin.

a. Adam: *Bana bir oda ver.*

b. Kadın: *Bütün odalarımız dolu.*

c. Adam (kadının gırtlağına bıçak dayayarak): *Seni orospu seni, bana yalan söyleme! Boş oda olduğunu bal gibi biliyorsun!*

ç. Kadın: *Yani çok öfkelisin ve sana bir oda verilmesini istiyorsun.*

d. Adam: *Ben bir bağımlı olabilirim, ama saygıyı hak ediyorum. Kimsenin bana saygı göstermemesinden bıktım, usandım. Ailem bana saygı göstermiyor. Ben zorla da olsa o saygıyı alacağım!*

e. Kadın: *İstediğin saygıyı görememekten bıktın mı?*

f. Adam: _____

g. Kadın: _____

h. Adam: _____

ı. Kadın: _____

> Diyalogdaki f, g, h ve ı satırlarını (üstte) kendi kendinize doldurun. Yanıtlarınızı defterinize not edin.

Etkinlik 2: Empatiyle Karşılamak

Aşağıdaki sözleri ifade eden birine empatiyle karşılık verme alıştırması yapın. "... mı hissediyorsun, çünkü ...'ya mı ihtiyacın var?" kalıbını kullanın.

a. "Yemek yaptığım insanlar gerçekten aşırı seçici."
b. "Sessiz olun!"
c. "Ülkenizi sevseydiniz böyle şeyler söylemezdiniz."
d. "Ailem nasılsa bana asla gerçeği söylemez."
e. "Sürekli bana karşı çıkmana dayanamıyorum."

> Bu etkinliği kendi başınıza yapmayı deneyin. Yanıtlarınızı defterinize not edin.

Etkinlik 3: Empati Üzerine Rol Oyunu

Bir kişi aşağıdaki ifadelerden birini seçerek rol oyununa başlar. Çemberdeki diğerleri onunla empati kurar. Kişi, tamamen duyulduğunu hissedinceye dek diyaloğu sürdürür. Unutmayın: "Önce empati ver sonra bilgi ver." Konuşan kişi yeterince empati alıncaya kadar çözüm sunmaktan ve tavsiye vermekten kaçının.

a. "Söylediklerimi duymayı inatla reddeden insanlarla ne yapacağımı bilmiyorum."

b. "Birisi beni etiketlediğinde acı çekiyorum ama sonra fark ediyorum ki o da acı çekiyor ki beni etiketliyor. Ne yapmalıyım?"

c. "Empatiye ihtiyacı olduğu belli olan birini suçladığımı fark ettiğimde ve kalbimin ona kapandığını gördüğümde bu sefer kendimi suçluyorum. Bu zararlı bir şey, değil mi?"

d. "Şiddetsiz İletişim dilini kullanmaya başladığımdan beri insanlar beni suistimal ediyor. İş arkadaşlarım, müdürüm, hatta çocuklarım bile - herkes artık paçayı sıyırabileceğini bildiği için beni itip kakıyor."

> Güçlü ihtiyaçlar ve duygular ifade eden arkadaşlarınızla veya aile üyeleriyle empati kurma alıştırması yapın. Ya da bir TV programı veya film izlemeyi ve karakterlerin duygu ve ihtiyaçları ile empati kurmayı deneyin. Yanıtlarınızı defterinize not edin.

Sekiz – Liderin Kılavuzuna Örnek Yanıtlar

Etkinlik 1 için Yanıtlar: Empatik Diyalog

1. Adam: *Evet, öyleyim! Bıktım! Hasta ve yorgunum! Buna daha fazla katlanmayacağım!*

2. Kadın: *Kendini korumaya ve ihtiyacın olan saygıyı görmeye gerçekten kararlısın diye anlıyorum.*

3. Adam: *Evet, evet, bu doğru. Bunun nasıl hissettirdiğini kimse bilmiyor... Beni her şey için yalvarmaya zorluyorlar; bir parça yiyecek, kalacak bir yer...*

4. Kadın: *Hüsran içindesin ve senin durumunda olmanın ne kadar acı verici olduğuna dair daha fazla anlayış görmek istiyorsun, öyle mi?*

SEKİZ – LİDERİN KILAVUZUNA ÖRNEK YANITLAR / 127

> Bu örnek yanıtları gözden geçirin; sizin yanıtlarınızla benzerliklerine ve farklılıklarına dikkat edin. Bu farklılıklar size ne söylüyor? Bu yanıtları gözden geçirdikten sonra kendi yanıtlarınızda yapmak isteyebileceğiniz değişiklikler var mı?

Etkinlik 2 için Yanıtlar: Empatiyle Karşılamak

1. "Hevesin mi kırık, çünkü takdire mi ihtiyacın var?"
2. "Rahatsız mı oluyorsunuz, çünkü saygıya mı ihtiyacınız var?"
3. "Tedirgin misiniz, çünkü ülke için yeterince destek bulunduğuna güvenmeye mi ihtiyacınız var?" (Veya: "Tedirgin misiniz, çünkü desteğe ve topluluğa mı değer veriyorsunuz?")
4. "Cesaretin mi kırık, çünkü dürüstlüğe ve bağlantıya mı ihtiyacın var?"
5. "Bıkkınlık mı duyuyorsun, çünkü uyum mu istiyorsun?"

> Bu örnek yanıtları gözden geçirin; sizin yanıtlarınızla benzerliklerine ve farklılıklarına dikkat edin. Bu farklılıklar size ne söylüyor? Bu yanıtları gözden geçirdikten sonra kendi yanıtlarınızda yapmak isteyebileceğiniz değişiklikler var mı?

Bölüm için Alıştırmalar-9: Kendimizle Şefkatle Bağ Kurmak

Dokuz – Bireysel Ev Çalışmaları

Gözden Geçirme

1. Marshall, Şiddetsiz İletişim'i kendimizle uygulamanın önemini neden vurguluyor?
2. "Bir sandalye değil, bir insan" olarak doğmamızın "anlaşılması güç, gizemli ve önemli sebebini" unuttuğumuz zaman ne kaybederiz?
3. İnsanlar yaptıklarından mutsuz olduklarında kendilerini ne şekilde değerlendirme eğilimindedirler?
4. Marshall büyüme, öğrenme ve değişimin yolu olarak neden kendimizi yargılamaktan kaçınmamızı istiyor?
5. Başkaları, onlara gösterdiğimiz nezaketin ardında utanç ya da suçluluk sezdiklerinde nasıl karşılık verirler?
6. Marshall neden "-meli/-malı" ekini "şiddetli" buluyor?
7. Neyi yapmak "zorunda olduğumuzu" tekrar tekrar söylemek aslında onu yapmamızı engelleyebilir. Neden?
8. Şiddetsiz İletişim'e göre, birinin hatalı veya kötü olduğunu ima ettiğimizde gerçekte ne söyleriz?
9. Marshall'ın özdeğerlendirmeye dair altını çizdiği ve önem verdiği iki unsur nedir?

10. Kendimizi "her şeyi berbat ettiğimiz" için eleştirdiğimizde muhtemelen ne hissederiz?

11. Özeleştirinin ardındaki karşılanmamış ihtiyaçla bağlantı kurduğumuzda bize ne olur?

12. Şiddetsiz İletişim'de yas tutma ve kendini bağışlama sürecini tasvir edin.

13. Kendimize karşı şefkatli davranırken empatiyle karşıladığımız iki yanımız hangileridir?

14. "Mecburum" dilini "seçiyorum" diline çevirmenin üç adımı nedir?

15. Böyle bir tercüme yapmanın amacı nedir?

16. Hangi koşullar altında zahmet, zorluk ve sıkıntıyı hâlâ "oyun" olarak deneyimleyebiliriz?

17. Dışsal ödüle iki örnek verebilir misiniz?

18. Dışsal bir ödülle motive olmanın dezavantajları nelerdir?

19. Marshall'a göre, ihtiyaçlarımızdan kopuk olduğumuzda sergilediğimiz davranışlar içinde toplumsal açıdan en tehlikeli olanı nedir? Neden?

Bireysel Pratik

1. Zürafa Dilinde Yas Tutmak

Bu, geçmişte yaptığımız ve şimdi pişman olduğumuz bir seçimle ilgili kendimizi şifaya kavuşturma sürecidir. Geçmişteki sınırlılıklarımızı aşıp büyüyebilmek için pişmanlığımızı kabul etmenin ve kendimizle empati kurmanın bir yoludur.

Kendimizi suçlamaya devam edip suçluluk ve utanç duygumuzun ömrünü uzatarak "durumu düzelttiğimizi" veya geçmişteki bir hatayı "telafi ettiğimizi" düşünebiliriz. Yine de, St. Frances de Sales'in yazdığı gibi, "Başarısızlıklarından dolayı kendilerini yiyip bitirenler, bunları düzeltmezler. Tüm yararlı düzeltmeler, sakin ve huzurlu bir zihinden gelir."

YAS TUTMAK:
GEÇMİŞİ ŞİFAYA KAVUŞTURMAK©

Geçmişte söylediğiniz / yaptığınız ve şimdi söylememiş / yapmamış olmayı dilediğiniz bir şeyi hatırlayın.
Oval kutucuklardaki sözcükler geçmişe, dikdörtgenlerdeki sözcükler şimdiye işaret eder.

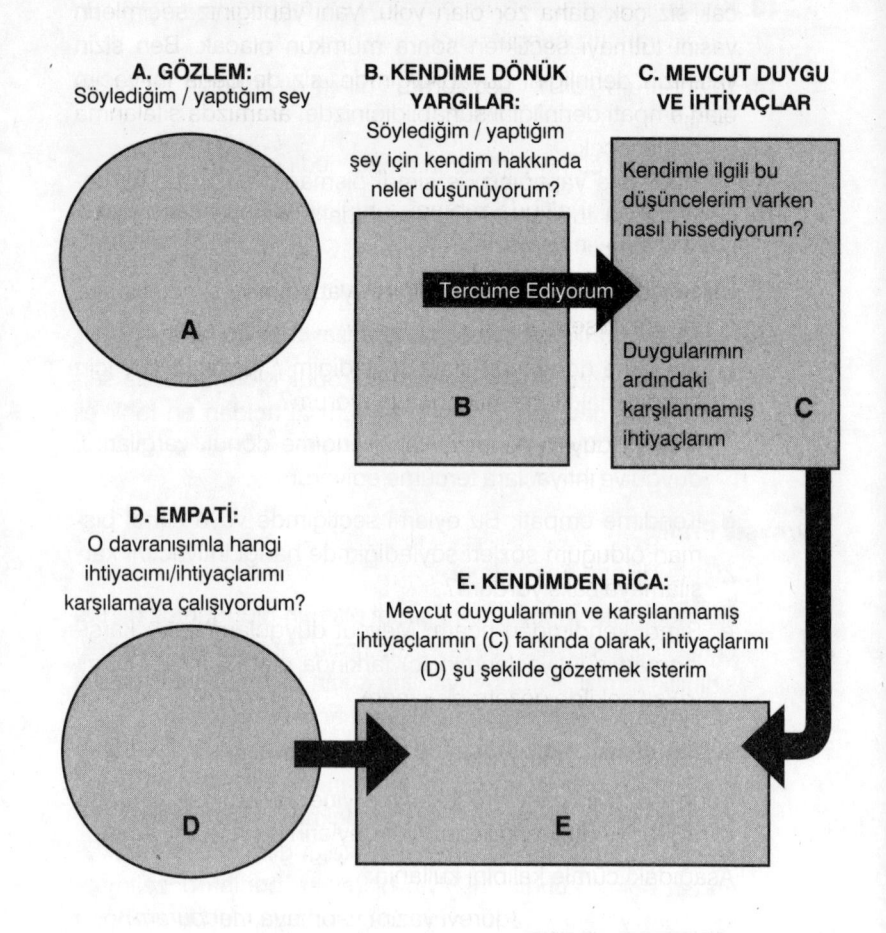

A. GÖZLEM:
Söylediğim / yaptığım şey

A

B. KENDİME DÖNÜK YARGILAR:
Söylediğim / yaptığım şey için kendim hakkında neler düşünüyorum?

C. MEVCUT DUYGU VE İHTİYAÇLAR
Kendimle ilgili bu düşüncelerim varken nasıl hissediyorum?

Tercüme Ediyorum

B

Duygularımın ardındaki karşılanmamış ihtiyaçlarım

C

D. EMPATİ:
O davranışımla hangi ihtiyacımı/ihtiyaçlarımı karşılamaya çalışıyordum?

E. KENDİMDEN RİCA:
Mevcut duygularımın ve karşılanmamış ihtiyaçlarımın (C) farkında olarak, ihtiyaçlarımı (D) şu şekilde gözetmek isterim

D

E

DOKUZ – BİREYSEL EV ÇALIŞMALARI / 131

Kültürümüzde, failin çektiği ızdırabın kurbanların yaşadığı kaybı telafi ettiğine -göze göz dişe diş- dair bir inanç vardır. Şiddetsiz İletişim uygulayıcısı olarak biliyorum ki, bir davranışınız sonucunda gözlerimden birini kaybedersem, kendinize dönük yargınızı veya gözünüzü bana sunmanızla empati, şefkat, güvenlik vb. için duyduğum derin ihtiyaç karşılanmayacak. Sizden ihtiyacım olanı sizden almam, ancak siz çok daha zor olan yolu, yani yaptığınız seçimlerin yasını tutmayı seçtikten sonra mümkün olacak. Ben sizin yasınızın derinliğini duyabildiğimde, siz de bana ihtiyacım olan empati derinliğini sunabildiğinizde, aramızda şifalanma gerçekleşecek.

Geçmişte yaptığınız ve şimdi pişman olduğunuz bir seçimin yasını tutmak için sol sayfadaki akış şemasını kullanın.

a. Gözlem: Geçmişte söylediğim / yaptığım ve şimdi pişman olduğum şey

b. Kendime dönük yargılar: Söylediğim / yaptığım şey için kendim hakkında neler düşünüyorum?

c. Mevcut duygu ve ihtiyaçlar: Kendime dönük yargılarımı duygu ve ihtiyaçlara tercüme ediyorum

d. Kendime empati: Bu eylemi seçtiğimde veya şimdi pişman olduğum sözleri söylediğimde hangi ihtiyacımı karşılamaya çalışıyordum?

e. Şimdi kendimden ricam: Mevcut duygularımın ve karşılanmamış ihtiyaçlarımın (c) farkında olarak, ihtiyaçlarımı (d) şu şekilde gözetmek isterim

2. "Mecburum"u, "Seçiyorum"a Tercüme Etmek

Yapmaktan hoşlanmadığınız ama yine de yapmak zorunda olduğunuzu düşündüğünüz tüm şeylerin bir listesini yapın.

Aşağıdaki cümle kalıbını kullanın:

"_____ (görevi yazın) yapmaya *mecburum*."

Her bir cümleyi şu ifadeye çevirin:

"_____ (yukarıdaki görevi yazın) yapmayı *seçiyorum çünkü* _____ (değer verdiğiniz, ihtiyaç duyduğunuz veya istediğiniz şeyi yazın) *istiyorum.*"

3. Hayatınızda para kazanmaya çalıştığınız yolları, belirli ihtiyaçları karşılamak için seçtiğiniz stratejiler olarak düşünün. İhtiyaçları listeleyin. Belirttiğiniz ihtiyaçların her birini karşılamak için en az bir başka olası strateji hayal edin.

Örnek:
Geçen ay annemize aldığım doğum günü hediyesi için abimin kendi payına vermeyi kabul ettiği 25 doları ondan isteyerek elime para geçmesine çalışıyorum.
Benim ihtiyaçlarım:
a. eşitlik ve denge – *Annemizin esenliğini desteklemek için herkesten eşit katkı istiyorum.*
b. güvenilirlik – Anlaşmaların yerine getirileceğine güvenebileceğimi bilmek istiyorum.
c. bağlantı – *Eski kız arkadaşıma öğle yemeğine çıkmayı teklif ederek onunla yeniden bağlantı kurmak istiyorum.*

Bu ihtiyaçları karşılamak için diğer olası stratejiler:

a. Abime denge ihtiyacımı ifade edip annemi önümüzdeki iki doktor randevusuna götürmeye istekli olup olmadığını sorarım.
b. Abime güvenilirlik ihtiyacımı ifade edip onun bu konuyu takip edeceğine dair güvenimi artırmanın yoluna onunla birlikte bakarım.
c. Eski kız arkadaşımla bağlantı ihtiyacımı karşılamak için, para harcamayı gerektirmeyecek özel bir fikir bulurum.

4. Marshall, bu bölümün başında Mahatma Gandhi'nin şu sözlerinden alıntı yapıyor: *"Dünyada görmeyi istediğimiz değişimin kendisi olalım."* Dünyada görmeyi istediğiniz değişimin kendisi olduğunuz durumlara dair somut gözlemler yapın.

Dokuz – Liderin Kılavuzu

Bu haftaki ev çalışmasının Bireysel Pratiklerini yapan tüm katılımcılara, kendi akış şemalarını (1. Madde için) ve "mecburum/ seçiyorum" listelerini (2. Madde için) paylaşma fırsatı vermeyi değerlendirin. Katılımcılardan pratik ettikleri her iki konuda neler öğrendiklerini aktarmalarını isteyin. Gerekirse, herkesin paylaşımlarına yeterli zaman olması için bu oturumun bir kısmında iki veya üç gruba ayrılarak çalışın.

Katılımcılar ilk Bireysel Pratiği evde yapmadılarsa, grupta pişmanlık duyduğu bir konu üzerinde çalışarak "canlı bir pratik" sunmaktan keyif alacak bir gönüllü için çağrı yapın. Gönüllüye her adımda ipuçları sunarak onu süreç boyunca destekleyin. Katılımcıyı, çalışmada yol aldıkça içinde canlanan kendine dönük yargıları veya diğer düşünceleri sözlü olarak ifade etmeye teşvik edin. Sürecin sadece duygu ve ihtiyaçları *tanımlayıp adlandırmak* değil, içimizde canlı olanla derinden *bağlantı kurmak* olduğunu hatırlayarak çalışmaya mutlaka yeteri kadar zaman ayırın.

Bu haftaki Bireysel Pratiğin 1. ve 2. kısmını tamamladıktan sonra zamanınız kaldıysa, strateji olarak para ve bu stratejinin altında yatan ihtiyaçlar üzerine araştırma yapın. Oturumu, katılımcıların dünyada görmeyi istedikleri değişimin kendisi oldukları durumlara dair kutlamalarıyla sonlandırabilirsiniz (Bireysel Pratiğin 4. kısmı).

NOT: Aşağıdaki etkinliği, kendini yargılama konusunda daha fazla çalışmak isteyen gruplar için öneriyoruz.

İçsel Diyalog: Ben, Kendini Yargılayan, Kendini Savunan

Kendimize dönük yargılar içeren düşüncelerimizi fark etmek, duygu ve ihtiyaçlarımızla bağ kurmamızı sağlayacak bir tercüme yapmamıza fırsat sunar. Ancak, kendimizi yargılamaya başladığımızda, hızlı davranıp bu düşünceleri sansürler, savunmacı tepkiler verir veya kendimizi avutmaya geçersek, kendimizi asıl duygu ve ihtiyaçlarımızdan uzaklaştıran yeni bir düşünce katmanı oluştururuz. Aşağıdaki içsel diyalog bu etkiyi gösteriyor.

İçsel diyalog örneği:

Ben: *Hmm, çöp kutusunun dibindeki bu şeyler ne? Oh, unuttuğum bir yığın kâğıt.*

Kendini Yargılayan: *Aah, son ödeme tarihi geçmiş şu faturalara bak! Her şeyi mahvettim! Neden kendimi bir türlü toparlayamıyorum? Alt tarafı birkaç faturayı zamanında ödemek o kadar da zor olmamalı!*

Kendini Savunan: *Kendimize bu kadar yüklenmeyelim. Herkes arada unutkanlık eder.*

Kendini Yargılayan: *Evet, ama sürekli bir şeyler unutuyorum, habire bir şeylerin elimden kayıp gitmesine sebep oluyorum ve tabii daha sonra bunların bedelini ödüyorum. Hep böyle yaptığıma inanamıyorum...*

Kendini Savunan: *Dur! Sürekli şunu ya da bunu yapıyor değilsin! Bırak kendini aşağılamayı. Şiddetsiz İletişim'de kendimizi yargılamamamız gerektiğini hatırlamıyor musun? Bu sadece işleri daha da kötüleştirir. Her zaman elimizden gelenin en iyisini yapıyoruz; olduğumuz gibi iyiyiz, bunu aklından çıkarma. Ufak bir hata yaptık ve unuttuğumuz bir şey oldu. Olayı bu kadar abartmayalım! Şimdi tek yapmamız gereken oturup faturaları ödemek. Her şey yolunda girecek.*

NOT: Bu içsel diyalog, kişi faturaları ödemek için işe koyulduğunda sona erer.

İçsel Diyaloğu Tercüme Etmek

Aşağıdaki yönerge, yukarıda verilen içsel diyalog örneğini temel alıyor. Önerilen sürece aşina olduktan sonra, bunu gönüllü katılımcıların benzer içsel diyaloglarında da uygulayabilirsiniz.

DOKUZ – LİDERİN KILAVUZU / 135

1. Yan yana oturan üç katılımcı, üç sesin (Ben, Kendini Yargılayan ve Kendini Savunan) rollerini üstlenerek ilgili satırları okur.
2. Başka bir katılımcı, Kendini Savunan'a duygu ve ihtiyaçlarını yansıtarak onunla empati kurar. Buna yeteri kadar zaman ayırın: Teselli etmek, savunmak, inkâr etmek veya sorunu düzeltmek isteyen sesin ardında birkaç duygu ve ihtiyaç katmanı olabilir.
   a. Kendini Savunan: *Kendimize bu kadar yüklenmeyelim. Herkes arada unutkanlık eder.*
      Yukarıdaki sesle empati kurun: (Duygu ve ihtiyaçları yansıtın.)
   b. Kendini Savunan: Dur! Sürekli şunu ya da bunu yapıyor değilsin! Bırak *kendini aşağılamayı. Şiddetsiz İletişim'de kendimizi yargılamamamız gerektiğini hatırlamıyor musun? Bu sadece işleri daha da kötüleştirir. Her zaman elimizden gelenin en iyisini yapıyoruz; olduğumuz gibi iyiyiz, bunu aklından çıkarma. Ufak bir hata yaptık ve unuttuğumuz bir şey oldu. Olayı bu kadar abartmayalım! Şimdi tek yapmamız gereken oturup faturaları ödemek. Her şey yolunda girecek.*
      Yukarıdaki sesle empati kurun:
3. Kendini Savunan'ın duygu ve ihtiyaçları tamamen duyulduktan sonra, Kendini Savunan, Kendini Yargılayan ile empati kurmaya hazır olacaktır. Kendini Savunan şimdi Kendini Yargılayan'ın yargılarının ardındaki duygu ve ihtiyaçlarla bağ kurmasına yardımcı olur. (Bu "yas" sürecidir.)
   a. Kendini Yargılayan: Aah, son ödeme tarihi geçmiş şu faturalara bak! Her şeyi mahvettim! Neden kendimi bir türlü toparlayamıyorum? Alt tarafı birkaç faturayı zamanında ödemek o kadar da zor olmamalı!
      Yukarıdaki sesle empati kurun:
   b. Kendini Yargılayan: Evet, ama sürekli bir şeyler unutuyorum, habire bir şeylerin elimden kayıp gitmesine sebep

oluyorum ve tabii daha sonra bunların bedelini ödüyorum. Hep böyle yaptığıma inanamıyorum...

Yukarıdaki sesle empati kurun:

4. Kişinin kendine dönük yargılarının tümü duygu ve ihtiyaçlara tercüme olduktan sonra, Kendini Yargılayan, Ben'le empati kurmaya hazır olacaktır.

    Kendini Yargılayan, Ben'in faturaların son ödeme tarihini kaçırmasına neden olan seçimlerinin ardındaki duygu ve ihtiyaçlarla bağ kurmasına yardımcı olur. (Bu kendini affetmedir.)

    Ben'in, faturaların son ödeme tarihinin geçmesine neden olan seçimlerin ardındaki ihtiyaç(lar) ile bağ kurmasına izin verin:

5. Çalışmayı tamamlamadan önce, katılımcıya kendisiyle empatik bağ kurduktan sonra ne düzeyde bir içsel dönüşüm yaşadığını sorun. Gruptaki diğer kişileri gözlemlerini ve öğrenmelerini paylaşmaya davet edin.

◎ Kendinizi yargılayan parçanızı susturduğunuz bir ânı hatırlıyor musunuz?

   a. Kendinizi yargılayan parçanızı susturmak için kendinize ne dediğinizi not edin.
   b. Şimdi o sesle empati kurun.

Dokuz – Liderin Kılavuzuna Örnek Yanıtlar

İçsel Diyalog için Yanıtlar: Ben, Kendini Yargılayan, Kendini Savunan

2a. **Kendini Savunan:** Kendimize bu kadar yüklenmeyelim. Herkes arada unutkanlık eder.

    Kendini Savunan için empati: Kendine yönelik yargılar duymaya başladığında endişeleniyor musun, çünkü senin için kendine şefkatli davranmak mı önemli? Hata yaptığımızda kendimizi affedebileceğimizi bilmek mi istiyorsun?

2b. Kendini Savunan: Dur! Sürekli şunu ya da bunu yapıyor değilsin! Bırak kendini aşağılamayı. Şiddetsiz İletişim'de kendimizi yargılamamamız gerektiğini hatırlamıyor musun? Bu sadece işleri daha da kötüleştirir. Her zaman elimizden gelenin en iyisini yapıyoruz; olduğumuz gibi iyiyiz, bunu aklından çıkarma. Ufak bir hata yaptık ve unuttuğumuz bir şey oldu. Olayı bu kadar abartmayalım! Şimdi tek yapmamız gereken oturup faturaları ödemek. Her şey yolunda girecek.

Kendini Savunan için empati: Sıkıntılı mı hissediyorsun, yaptığımız seçimlerden dolayı cesaretimiz kırılsa bile kendimizi kabul edeceğimize, kendimize karşı nazik ve anlayışlı olacağımıza güvenmek mi istiyorsun? Şunu da merak ediyorum: Bir yandan da korkuyor musun, bu yargıları duymanın acısından ve utancından beni korumak mı istiyorsun?

3a. Aah, son ödeme tarihi geçmiş şu faturalara bak! Her şeyi mahvettim! Neden kendimi bir türlü toparlayamıyorum? Alt tarafı birkaç faturayı zamanında ödemek o kadar da zor olmamalı!

Kendini Yargılayan için empati: Hayal kırıklığı mı duyuyorsun, çünkü işleri zamanında halletmek için kendine güvenmek mi istiyorsun?

3b. Evet, ama sürekli bir şeyler unutuyorum, habire bir şeylerin elimden kayıp gitmesine sebep oluyorum ve tabii daha sonra bunların bedelini ödüyorum. Hep böyle yaptığıma inanamıyorum…

Kendini Yargılayan için empati: Bunun birden fazla kez olduğunu hatırladığında gerçekten cesaretin kırılmış gibi görünüyor; geçmişteki hatalardan öğrenebileceğine güvenmek istiyorsun diye anlıyorum, öyle mi? Olası sonuçları düşündüğünde de endişeleniyor musun; zamanını ve paranı verimli kullanmak mı önemli senin için?

4. Ben'in, faturaların son ödeme tarihinin geçmesine yol açan

seçimlerin ardındaki ihtiyaç(lar)la bağlantı kurmasına izin verin:

Bu ay iş dışı vakitlerde dikkatimin çoğunu bahçe işlerine, aileme, arkadaşlarıma ve yeni diyet-egzersiz programına verdiğimi görüyorum. Zamanımı ve enerjimi bu şekilde kullanmayı seçtim; çünkü sağlığa, sevdiğim insanlarla birlikte olup onların esenliğine katkıda bulunmaya, toprakla bağlantı kurmaya ve gezegende yeni yaşamı beslemeye değer veriyorum.

> ◎ Bu örnek yanıtları gözden geçirin; sizin yanıtlarınızla benzerliklerine ve farklılıklarına dikkat edin. Bu farklılıklar size ne söylüyor? Bu yanıtları gözden geçirdikten sonra kendi yanıtlarınızda yapmak isteyebileceğiniz değişiklikler var mı?

Bölüm için Alıştırmalar-10: Öfkeyi Tam Olarak İfade Etmek

On – Bireysel Ev Çalışmaları

Gözden Geçirme

1. Yazar, toplumsal ve politik adaletsizliklere öfke duyan okurlara Şiddetsiz İletişim'in öfkeyi _____ olarak görmediği konusunda güvence veriyor.
2. Zor bir mesajı duymanın dört seçeneğinden hangisini seçtiğimizde öfkeleniriz?
3. Öfkenin uyaranı nedir?
4. Uyaran ile nedeni birbirinden ayırmak neden bu kadar önemli?
5. Başkalarının davranışlarını kontrol etmek için _____ kullanmak istiyorsanız, uyaranla nedeni birbirine karıştırmak işe yarar.
6. Çevreyi kirletmek gibi, zararlı olduğunu düşündüğümüz bir şey yapan birini gördüğümüzde, yazar _____ yerine _____ 'ya dikkat etmemizin daha iyi olduğunu öne sürüyor.
7. Öfke bize ne şekilde hizmet edebilir?
8. Yazar, "Öfkeliyim, çünkü onlar…" ifadesini _____ ifadesiyle değiştirmeyi tekrar tekrar pratik etmemizi öneriyor.
9. Yazar, peş peşe iki gün yüzüne darbe almaktan ne öğrendi?
10. İhtiyaçlarımızla gerçekten temasa geçtiğimiz anda öfkemize ne olur?

11. Yazarın, neden ve uyaran arasındaki ayrımı felsefi olduğu kadar "pratik ve taktiksel" gerekçelerle de vurgulamasının sebebi nedir?
12. Şiddet, insanların _____ olduğuna kendilerini inandırmalarından kaynaklanır.
13. Konuştuğumuz çoğu insan, ihtiyaçlarımızı _____ üzerinden ifade ettiğimizde ihtiyaçlarımıza odaklanamaz.
14. İhtiyaçlarımızı karşılamaları için insanları utandırdığımızda, korkuttuğumuzda veya onlarda suçluluk duygusu uyandırdığımızda ne olur?
15. Öfkeyi ifade etmenin dört adımını tanımlayın.
16. 3. ve 4. adımlar arasında ne yapmanız gerekebilir? Neden?
17. Yazar, zihnimizde şiddetli düşünceler uyandığında ne yapmayı öneriyor?
18. Marshall, taksideki adamın suçlama duymasını veya "ırkçılık yaptım, hatalıyım" demesini istemedi. Neden?
19. Çoğumuz için Şiddetsiz İletişim'i yeni öğrenerek bu süreci uygulamak neden garip gelebilir?
20. Öfkeyi "yüzeysel" olarak ifade etmekle "tümüyle" ifade etmek arasındaki farkı açıklayın.

Bireysel Pratik

NOT: 1. alıştırma tek oturumda tamamlanacak ve zaman isteyebilecek bir çalışmadır. Başlamadan önce, yönergenin yanı sıra bir sonraki sayfadaki *"Öfke Nedir?"* metnini de okuyun.

1. Öfkeli hissettiğiniz bir durumu hatırlayın. O âna dair detayları (mekanın özelliklerini ve size nasıl hissettirdiğini, fiziksel duruşunuzu, diğer kişinin size nasıl göründüğünü, çevrenizdeki sesleri vb.) aklınıza getirerek senaryoyu hafızanızda yeniden canlandırın.
    a. Öfkenizin uyaranını (veya uyaranlarını) gözlem(ler) şeklinde tanımlayın.
    b. Zihninizdeki "-meli/-malı düşünceleri" nelerdi?

c. Bu "-meli/-malı düşünceleri"ni ihtiyaçlara tercüme edin. Bu türden pek çok düşünceniz olabilir; tümünü fark ettiğinizden ve "-meli/-malı" ekini içermese dahi, hayata yabancılaştıran iletişimin dört kategorisinden düşünceleri de dahil ettiğinizden emin olun. (Hayata yabancılaştıran iletişim biçimleri: Teşhis, sorumluluğu reddetme, talepte bulunma ve "hak etme" odaklı dil - bkz. İkinci Bireysel Ev Çalışması, s. 80.)

d. Kendinize bolca zaman tanıyarak, bu durumda karşılanmamış ihtiyaçlarınızın farkındalığıyla sessizce oturun. "____ (ve ____ ve ____) konusunda derin özlemlerim olduğunu ve bu ihtiyaçların karşılanmadığını fark ettiğimde, kendimi ____ hissediyorum." Şimdi içinizde olan bitene dikkatinizi verin.

Çeşitli fiziksel duyumlar, hisler ve zihin halleri fark edebilirsiniz (*"Öfke Nedir?"* sayfasına bakın). İçinizde uyanan ne varsa ona eşlik edin; halinizi ifade etmek için "doğru sözcükleri" aramayın.

Bunun yanında, muhtemelen pek çok farklı düşünce ve imgenin sizi ziyaret ettiğini fark edeceksiniz: "Onunla ilişkim beni kesinlikle derinden yaraladı." "Bu alıştırma çok saçma." "Bir daha asla böyle bir şey yapmayacağım." vb. Bir düşünce ortaya çıktığında, onu sadece "İşte bir düşünce" olarak tanımlayın. Ardından bu düşüncenin geçip gitmesine izin verin ve nazikçe dikkatinizi yeniden kalp seviyesine yönelterek kendinizde fark ettiğiniz fiziksel duyumlara, duygulara ve zihin hallerine odaklanın.

Zihniniz dağılırsa, "____ ihtiyacımın karşılanmadığını fark ettiğimde ____ hissediyorum," ifadesini kendinize tekrarlayarak odağınızı geri getirin. Karşılanmamış ihtiyaçlarınıza dair bu farkındalıkla mevcut olurken, canlanan her türlü duyguya eşlik etmeye bakın.

Bu içsel araştırma sürecinin tamamlandığını sezdiğinizde, bu bölümü kendi hızınızda bitirin.

Öfke Nedir?

Öfke, aşağıdaki bileşenlerin diziliminin sürekli olarak değiştiği bir deneyimdir:

DÜŞÜNCELER
Bana bunu yaptılar! Sonra da bunu yaptılar! Ne hakla…! Ne kadar … insanlar! Bunların hepsi…! Bana bu şekilde davranabileceklerini sanıyorlar, ha?! Gösteririm onlara günlerini! Hayatta böyle … görmedim. Böyle yapmamalılar. Şöyle yapmalılar.

İMGELER

DUYGULAR
bunları içerir:

HİSLER
hayal kırıklığı, korku, utanç, üzüntü, incinmişlik, şoke olma, çaresizlik, dehşet vs.

FİZİKSEL DUYUMLAR
sıcaklık, soğukluk, sıkışıklık, gerginlik, baskı, kasılma, titreme, karıncalanma, zonklama, çarpıntı, keskin acı, sarsılma, nefes daralması, sersemleme, sallanma, enerji basması, kızarma vb.

ZİHİN HALLERİ
ajitasyon, kafa karışıklığı, donukluk, ağırlık, kilitlenme (zihin durmuş gibi gelir), sıkışma (hareket etmeye, konuşmaya, bir şey yapmaya yönelik güçlü dürtü)

e. Şimdi, o durumda karşılanmamış ihtiyaçlarınızla ilişkili duygularınızı (hislerinizi) sözlü olarak tanımlayın.

f. Şiddetsiz İletişim sürecinin dört bileşenini kullanarak, diğer kişiyle konuşuyormuş gibi "öfkenizi tam olarak ifade edin":
   - gözlemler (uyaranlar)
   - duygular (öfkenin altında yatan duygular)
   - ihtiyaçlar
   - ricalar

g. Sizce diğer kişi duygularınızı ve ihtiyaçlarınızı f kısmında (yukarıda) ifade ettiğiniz biçimiyle tam olarak duyabilir mi? Duyamayacağını düşünüyorsanız, onun olası duygu ve ihtiyaçlarıyla nasıl empati kurabileceğinizi not edin.

h. Kendinizi şu anda ifade etmek için Şiddetsiz İletişim'in dört bileşenini kullanın:

"Bu öfke alıştırmasını tamamladıktan sonra

"_____ hissediyorum

"çünkü ihtiyacım _____

"bu yüzden _____ istiyorum (bu kendinizden bir rica olabilir)."

i. Bu sürecin hangi kısmı sizin için kolay ya da zordu? Neden?

2. Bir kâğıdı iki sütuna ayırın. Bir sütunda, diğer insanlar hakkında kafanızda en sık uçuşan yargıları listeleyin. "Ben ... insanları sevmem" kalıbı size yardımcı olabilir. Her bir yargı için kendinize şunu sorun: "Birisiyle ilgili böyle bir yargıda bulunduğumda, neye ihtiyacım var da karşılanmıyor?" Diğer sütuna ihtiyacı yazın.

3. Bir dahaki sefere öfkeli olduğunuzu fark ettiğinizde, Ek 4 - "Öfke Sizi Sabote Etmesin!" tablosuna bakın. Düşüncelerinizi ve duygularınızı dikkatlice izleyerek süreci takip etmeyi deneyin; gözlemlediklerinizi, kalbinizde ve zihninizde bulduklarınızı sütunlara not edin.

On – Liderin Kılavuzu

Çoğumuz için, genellikle "öfkeyi tam olarak ifade etme" sürecinin bütünü zaman ister. Bu süreç Şiddetsiz İletişim'in dört bileşenini kullanarak öfkeyi boşaltma süreci değildir. Katılımcıların bu oturumu öfke dolu duygularını birbirlerine yöneltme fırsatı olarak görmelerini ve tüm adımları bir seferde aşıverip öfkenin dönüştüğü kalpten bir alana ulaşma beklentisine girmelerini istemeyiz; bununla birlikte elbette böyle bir sonuç da doğabilir. Bu çemberde öfke duyan herkesle daha uzun "empati oturumları" yapmayı denemenizi öneririz; böylece bu kişilerin bütünüyle duyulma deneyimi yaşamaları ve bunun ardından "öfkeyi tam olarak ifade etme" süreciyle desteklenmeleri mümkün olabilir. "Empati oturumlarının" yanı sıra, katılımcılardan Bireysel Pratik sorularına verdikleri yanıtları paylaşmalarını isteyin. Süreci bir çizelgeye dökmek isterseniz *Ek 4 - "Öfke Sizi Sabote Etmesin!"* çalışmasını kullanabilirsiniz. Aşağıdaki etkinliği, "-meli/-malı düşüncelerini" belirleyip bunları ihtiyaçlara tercüme etme konusunda ek pratik yapmak isteyenler için sunuyoruz.

Etkinlik 1: "-Meli/-Malı" Düşüncelerini Belirlemek

Burada öfke içeren düşüncelerin ve imgelerin bir listesi var. Her birinde şu unsurları belirleyin:

a. Bu ifadelerle ilişkili bazı "-meli/-malı düşünceleri" nelerdir?

b. Bunların ardındaki karşılanmamış ihtiyaç(lar) ne(ler)dir?

1. "Öğretmenlerin bize patronluk taslamaya hakkı yok."
2. "Derya tam bir tembel. Bu projenin kendi üzerine düşen kısmını tamamlamak için herkesten daha fazla zaman aldı. Şimdi hepimiz bunun bedelini ödemek zorundayız."
3. "Benimle konuşurken sakın sesini yükseltmeye kalkma!"
4. "Ne hakla bizden daha iyi olduklarını düşünebiliyorlar?"
5. "Nike, Starbucks ve tüm o şişko çok uluslu şirketlerin camlarını indirmek lazım!"

6. "Sanki herhangi birimizi gerçekten umursuyormuş gibi, böyle tatlı tatlı konuşmasına katlanamıyorum."
7. "Seni sapık!"
8. "Arabasında yolculuk yaptım diye benden para istediğine inanamıyorum! Çocukken onu ve kardeşlerini kaç milyon defa beş kuruş istemeden oraya buraya götürdüm!!"
9. "Amma da duyarsızsın - bütün akşam topalladığımı fark etmedin mi?"
10. "Aptal!"

> Her iki etkinliği de kendi başınıza yapmayı deneyin. Yanıtlarınızı defterinize not edin.

On – Etkinlik 1 için Liderin Kılavuzuna Örnek Yanıtlar:

"-Meli/-Malı" Düşüncelerini Belirlemek

"-Meli/-malı düşüncelerini" ve bu düşüncelerin ardındaki olası ihtiyaçları belirlemek.

1. -Meli/-malı düşüncesi: *Öğretmenler bize patronluk taslamamalı. Öğretmenler bize farklı davranmalı.* İhtiyaçlar: özerklik, anlayış

2. -Meli/-malı düşüncesi: *Derya üzerine düşen işi yapmalı. Hepimizin bedel ödemesine sebep olmamalı.* İhtiyaçlar: dikkate alınma, güvenilirlik

3. -Meli/-malı düşüncesi: *Benimle konuşurken sesini yükseltmemelisin. Kibar konuşmalısın.* İhtiyaçlar: saygı, güvenlik

4. -Meli/-malı düşüncesi: *Bu kadar kibirli olmamalılar. Makul davranmalılar.* İhtiyaçlar: anlayış, saygı

5. -Meli/-malı düşüncesi: *Başkalarının acı çekmesine neden oldukları için onların da acı çekmesi gerek. İnsanları sömüre-*

rek zengin olmamalılar. İhtiyaçlar: karşılıklılık (denge, verme ve almada eşitlik), şefkat

6. -Meli/-malı düşüncesi: *Hakiki olmalı. Böyle ikiyüzlü biri olmamalı.* İhtiyaçlar: özgünlük, güven

7. -Meli/-malı düşüncesi: *Böyle düşünmemelisin, böyle yapmamalısın. Sorumlu davranmalısın.* İhtiyaçlar: güvenlik, saygı

8. -Meli/-malı düşüncesi: *Benden para istememeli. Onu kaç kez arabamla bir yerlere götürdüğümü hatırlamalı.* İhtiyaçlar: destek, karşılıklılık

9. -Meli/-malı düşüncesi: *Topalladığımı fark etmeliydin. Bu kadar duyarsız olmamalısın.* İhtiyaçlar: farkındalık, görünürlük

10. -Meli/-malı düşüncesi: *Daha makul davranmalısın. Böyle aptalca şeyler söylememelisin.* İhtiyaçlar: dikkate alma, anlayış

> ◎ Bu örnek yanıtları gözden geçirin; sizin yanıtlarınızla benzerliklerine ve farklılıklarına dikkat edin. Bu farklılıklar size ne söylüyor? Bu yanıtları gözden geçirdikten sonra kendi yanıtlarınızda yapmak isteyebileceğiniz değişiklikler var mı?

Bölüm için Alıştırmalar–11: Çatışma Çözümü ve Arabuluculuk

On Bir – Bireysel Ev Çalışmaları

Gözden Geçirme

1. Çatışmaları çözmek için Şiddetsiz İletişim'den yararlanırken, diğer Şiddetsiz İletişim adımlarının tümünün işe yaramasını mümkün kılan kritik unsur nedir?
2. Şiddetsiz İletişim yöntemiyle çatışma çözümünün amacı açısından *tatmin olmak* ve *uzlaşmak* arasındaki farkı açıklayın.
3. Şiddetsiz İletişim temelli arabuluculuğun geleneksel arabuluculuk uygulamalarından farklı yönleri nelerdir?
4. Bu bölümde Şiddetsiz İletişim yöntemiyle çatışma çözümü için sıralanan beş adım nedir?
5. *İhtiyaç* ve *strateji* sözcüklerini Şiddetsiz İletişim'de kullanıldıkları biçimde tanımlayın.
6. Bir çatışma durumunda, analizin yerine net ihtiyaç ifadeleri koyabilmek, çatışmanın her iki tarafı için de neden son derece önemlidir?
7. Çatışmalara arabuluculuk etme konusunda empatinin yeri nedir?
8. Evliliklerinde çek defteriyle ilgili uzun süredir devam eden bir çatışma yaşayan kadının ve erkeğin ihtiyaçları nelerdi?

9. Marshall, çatışma çözümü sürecinin son adımında stratejileri araştıran taraflar için dil kullanımının hangi üç yönünü vurguluyor?
10. Marshall *eylem dili* ile *eylem içermeyen dil* arasında nasıl bir ayrım yapıyor?
11. Marshall neden *eylem içermeyen dil* yerine *eylem dilinin* kullanılmasını tercih ediyor?
12. Birisi ricamızı yerine getirmeyeceğini söylediğinde neye kulak verebiliriz?
13. Şiddetsiz İletişim'le arabuluculuk yapan birinin rolünü nasıl tanımlarsınız?
14. Çatışan taraflar arasında arabuluculuk yaptığımız durumlar için Marshall bize ne gibi ipuçları ve öneriler sunuyor?
15. Yazar, bir annenin küçük çocuğuna vurduğuna tanık olduğunda ilk adım olarak anneyle empati kurdu. Neden?

Bireysel Pratik

Bağlantı Kurmaya Dair İstekliliğimizi Yoklamak

Marshall, çatışma çözümünde "insani bağlantı kurmaya dair istekliliğin" en önemli şey olduğunu ve bunun "Şiddetsiz İletişim'in diğer tüm adımlarının işe yaramasını mümkün kıldığını" vurguluyor.

1. Şu anda çatışma yaşadığınız birini aklınıza getirin. (Şu anda yaşadığınız bir çatışma yoksa, geçmişten bir çatışmayı seçin.)
2. Birkaç bilinçli nefes alarak veya bedeninizdeki fiziksel duyumlara odaklanarak sessiz bir içsel alana varın. İç sükunetinizde veya dinginliğinizde herhangi bir artış veya değişim olup olmadığını fark edin.
3. Birkaç dakikalık sessizlikten sonra, seçtiğiniz o kişiyi düşünün. Onu bilincinize davet ederken gözlerinizi kapatmayı deneyin. Onun görünüşünü, hareketlerini veya ifadelerini, top-

lum içindeki davranışlarını, sesinin tınısını, varlığının enerjetik niteliğini fark edin. Onu zihninizde gözlemlerken sizde canlanan duygulara ve fiziksel duyumlara dikkatinizi verin. Kendinize zaman tanıyın.

4. Kişiyi iç dünyanızda nasıl algıladığınıza dair bir hissiyat geliştirdikten sonra, onunla "insani bir bağlantı kurmaya isteğiniz" olup olmadığını kendinize sorun. "Ortak duygu ve ihtiyaçları paylaştığım bir insan olarak onunla bağlantı kurmaya istekli miyim? Onun duygu ve ihtiyaçlarını dinlemeye ve bütünüyle kucaklamaya istekli miyim? Kendi ihtiyaçlarımın karşılanmasını önemsediğim gibi onun ihtiyaçlarının karşılanmasını da önemsiyor muyum?

NOT: Cevabınız ister evet, ister hayır, ya da kararsız, karışık, tereddütlü veya başka bir biçimde karmaşık olsun, ortaya çıkan ne varsa yargılamadan duymaya çalışın. Hakikati, kendi öznel hakikatlerimizi araştırıyoruz. Nasıl olmamız, hissetmemiz veya düşünmemiz gerektiğine dair yargıları ve tercihleri bir süreliğine kenara bırakarak kendimizi ve hakikatimizi onurlandırıyoruz.

---

5. Bu kişiyle insani bağlantı kurmaya isteğiniz var mı? Cevabınız evet ise, aşağıdaki (a) maddesine bakın. Cevabınız hayır ise (b)'ye bakın. Cevabınız hem evet hem hayır ise veya hiçbiri değilse, (c)'ye bakın.

a. Evet

i. "Evet" deneyiminin tadını çıkarmak için kendinize izin verin. O kişiyle yüz yüze geldiğinizi ve ona içten evet'inizi ifade ettiğinizi hayal edin: "Evet, duygularını ve ihtiyaçlarını dinlemeye ve bütünüyle kucaklamaya açığım. Evet, kendi ihtiyaçlarımın karşılanmasını önemsediğim kadar senin ihtiyaçlarının karşılanmasını da önemsiyorum. Evet, aynı duygu ve ihtiyaçları olan ortak bir insanlığı paylaşıyoruz. Evet."

ii. Bu "evet" deneyiminde topraklandığınızda bunun bedeninizde ve zihninizde nasıl hissettirdiğini fark edin. Bu ânın içsel duyumlarına açılıp burada rahatlayarak yapabildiğiniz sürece bu deneyimle kalın.

Bağlantı kurma konusundaki temel istekliliğimiz - en iyi niyetlerimize rağmen - yargılar ve başkalarıyla ilgili düşman imgeleri tarafından sabote olmaya devam etse bile, pratik yaparak bu "evet" alanıyla tanışıklığımızı artırmak, çatışmanın ortasında bir çapa görevi görebilir. Sert ve hararetli bir tartışmanın içindeyken dahi, "evet"in tanıdık kumaşına tekrar tekrar dokunabilir ve insani bağlantı kurma niyetimizi tazeleyebiliriz.

Bu pratik sayesinde, "insani bağlantı kurmaya dair istekliliğin" varlığını veya (bazen güç algılanan) yokluğunu fark etme becerimizi de artırırız. Bu beceri olmadığında, Şiddetsiz İletişim modelini ve çatışma çözümü adımlarını diğer tarafın yapmasını istediğimiz belli davranışları sağlama tekniği haline getirip suistimal etmek kolaydır.

b. Hayır

Kendimizi farklı yanıt vermek üzere geliştirmediğimiz müddetçe, çoğumuzun eğilimi, davranışları bizde sıkıntı yaratan birine karşı tamamen açık hissetmemizi engelleyen düşünceler beslemek yönünde olur. İçimizdeki "hayır"ı dürüstçe kabul etmek - bağ kurmaya istekli olmadığımızı görmek - ve bu çok yaygın ve insani tepki için kendimizi yargılamaktan kaçınmak önemlidir.

i. Bazı çatışma durumlarında, "Keşke diğer kişinin halini bütünüyle kucaklayabilmeye istekli olabilseydim; keşke onun ihtiyaçlarını duymaya açık olsaydım; *keşke* kendi ihtiyaçlarım kadar onun ihtiyaçlarının karşılanmasını da önemseyebilseydim" diyebiliriz.

Birkaç dakikalık sessizlik içinde, diğer kişiyle ilgili içinizde buna benzer bir dileğin var olup olmadığını yoklayın.

- Yoksa, bu alıştırmanın (b) ii. bölümüne geçin.

- Böyle bir dileğinizin olduğunu fark ediyorsanız, diğer kişiye karşı açık hissetmeye dair özlemin ne kadar gizli veya güçlü olduğunu kontrol edin. Bu özlemi bedende veya zihinde nerede deneyimliyorsunuz? Herhangi bir duygu geliyor mu? Geliyorsa, bu duygunun altında hangi karşılanan veya karşılanmayan ihtiyaçlar yatıyor? Bir süre bu farkındalıkla kalıp kendiniz ve bağ kurma isteğini deneyimlemeye dair *özleminiz* hakkında neler öğrenebileceğinize bakın.

ii. Diğer çatışma durumlarında, anlaşmazlık yaşadığımız tarafla gerçek bir bağlantı kurma *isteği* dahi duymayabiliriz. O kişinin halini tam olarak duyma arzusu hissetmeyiz, ihtiyaçlarıyla ilgilenmeye sıcak bakmayız, onunla ortak insanlığımızı görmek istemeyiz.

Bu farkındalıkla birkaç dakika geçirmek için kendinize izin verin. Ortaya çıkan duyguları gözlemleyin. Şu anda hissettiğiniz fiziksel duyumlar neler? Duyguların altında yatan ihtiyaçları - belki de ihtiyaç katmanlarını - keşfederek kendinizle şefkatli bağlantı kurun. Hayır'ınızın ardındaki evet'i bulun: Sizi karşı tarafla samimi bir bağlantı kurma isteğinden alıkoyan hangi ihtiyaca evet diyorsunuz? Örneğin, güvenlik ihtiyacıyla, saygı özlemiyle veya bütünlüğün önemine dair güçlü bir sezgiyle temas edebilirsiniz. Bağlantı kurmaya dair isteksizliğinizin ardındaki ihtiyaçları belirleyin.

Kendinizi anlamanın, bu çatışma konusunda nasıl ilerlemek istediğiniz üzerinde bir etkisi oldu mu? Oldu ise, nasıl bir etki bu?

c. Hem evet hem hayır ya da hiçbiri

Çoğunlukla çatışma zamanlarında, kendimize karşı dürüst olduğumuzda, kalbimizi açık tutup karşımızdakini can kulağıyla dinleme isteğimizde değişimler ya da dalgalanmalar yaşadığımızı fark edebiliriz. Bu değişkenlik veya bocalama deneyimine aşinalık kazanın. Ortaya çıkan çeşitli duygularla bağlantı kurmak için zaman ayırın; her birine temas edip altta yatan ihtiyaç(lar)la bağ kurmakta sabırlı olun.

Ardından yukarıdaki (a) ve (b) maddelerini okuyun ve sizde yankı uyandıran kısımlarla çalışın.

Karşı Tarafa Empati

Çatışma yaşadığınız ve kalpten bağ kurmaya açık olduğunuz birini düşünün. (Bu, 148. sayfadaki *Bağlantı Kurmaya Dair İstekliliğimizi Yoklamak* bölümünde odaklandığınız kişiyle aynı kişi olabilir.)

Bu kişinin bu çatışmada ifade ettiği (veya edebileceği) çeşitli sözlerin bir listesini yazın.

Sonra:

- Her ifadeyi, o kişinin söyleyebileceğini düşündüğünüz şekilde okuyun.

- İçsel tepkinizi fark edin. Bu kişinin mutluluğunu ve tatminini kendi mutluluğunuz ve tatmininizle eş tutmaya istekli olup olmadığınızı yoklayın.

- Her ifadeye empatiyle yaklaşarak sözlerin ardındaki ihtiyaç(lar)la bağ kurun. Sessiz empati kurmak üzere bir es verin; sözlü empati kurmak istiyorsanız, sözlerinizi diğer kişinin ifadesinin altına yazın.

İhtiyaçları ve Stratejileri İfade Etmek

Önceki alıştırmada belirlediğiniz çatışmada, kendi ihtiyaçlarınız üzerine tefekkür edin. Her ihtiyaçla biraz durmak için zaman ayırın; ortaya çıkan her türlü his ve duyumu hissetmeye alan açın.

Bu çatışmanın canlandırdığı tüm ihtiyaçlarla bağlantı kurduktan sonra, diğer kişiye sunabileceğiniz olası stratejileri hayal edin.

Şunları not edin:

- belirlediğiniz ihtiyaçlar,
- diğer kişiye bu ihtiyaçları ifade etmek için kullanacağınız sözcükler ve
- hem sizin hem de diğer kişinin ihtiyaçlarını karşılayabilecek stratejiler içeren ricalar.

Gerçek Zamanlı Pratik Yapın

Çatışma çözme becerilerinizi hayatınızdaki gerçek bir durumda devreye almak üzere, çatışma yaşadığınız kişiyle temas kurun. Önceki pratiklerde çalıştığınız birini veya insani bağlantı kurma isteği duyduğunuz bir başkasıyla yaşadığınız bir çatışmayı seçebilirsiniz.

"Şiddetsiz İletişim'le Çatışma Çözümü Adımları – Genel Bakış" bölümünü gözden geçirin. Diğer kişiyle görüşürken önce onun çatışmayı çözmek için sizinle ilişki kurmaya dair istekliliğini yoklayın. Bunu yapmaya açıksa, istekliliğine şükranınızı ifade edip çatışmayı ele almak için bir zaman ve mekan üzerinde anlaşın. Marshall'ın bizi Şiddetsiz İletişim'in desteklemek istediği değerleri holografik olarak yansıtacak şekilde iletişim kurmaya davet ettiğini hatırlıyoruz.[*]

Bir Şiddetsiz İletişim dostunuz varsa, rol oyunu ile durum üzerine önceden çalışabilir ve öğrendiklerinizin altını çizmek için bu pratik sonrası birlikte hasat alabilirsiniz. Empatiye ihtiyaç duyduğunuzu fark ederseniz, empati almak için doğrudan bir ricada bulunun; ancak Şiddetsiz İletişim dostunuzla hikaye anlatımı, analiz, dertleşme vb.'ye girmekten kaçının.

---

[*] "Şiddetsiz İletişim'le, bir şeylerin değişmesini isterken, farklı bir değerler sistemini de yaşamaya çalışırız. Yol boyunca kurduğumuz her bağlantı, yaratmaya çalıştığımız dünyayı yansıtır. Her adımımız, peşinde olduğumuz şeyin enerjisini, yani yaratmaya çalıştığımız ilişki kalitesinin holografik bir imgesini sunmalıdır." Marshall B. Rosenberg, Şiddetsiz İletişim: Bir Yaşam Dili, 2019, s. 182. (Ç.N.)

Çatışmada Arabuluculuk Yapmak İçin Araya Girmek

Pratik konusu: Ebeveynsiniz, altı yaşındaki kızınızın abisine doğru koştuğunu görüyorsunuz. Oğlunuz uzaklaşırken kızınız arkasından bağırıyor: "Özür dile, özür dile! Özür dilemek *zorundasın!*"

1. Aşağıdaki senaryoların her birinde nasıl yanıt vereceğinizi yazın:

    Abi aniden durur, geri döner, kız kardeşinin gözlerinin içine bakar ve şöyle der:

    Birinci Senaryo: Neden bu kadar kafana takıyorsun, hiç anlamıyorum.

    Yanıtınız (bu durumda ilk kime yönelir ve ona ne söylersiniz?):

    İkinci Senaryo: Gerçekten özür dilememi *sağlayabileceğini* mi sanıyorsun?

    Yanıtınız (bu durumda ilk kime yönelir ve ona ne söylersiniz?):

    Üçüncü Senaryo: Uzak dur benden cüce! Her şeyi sen başlattın, kapa çeneni!

    Yanıtınız (bu durumda ilk kime yönelir ve ona ne söylersiniz?):

2. Üç duruma verdiğiniz yanıtlar farklıysa, hangi seçim(ler)i farklı yaptığınızı ve neden(ler)inizi açıklayın.

On Bir – Liderin Kılavuzu

Grubunuzda bir çatışma varsa, bu oturum size gerçek zamanlı pratik yapma fırsatı sunabilir. Sadece anlaşmazlık yaşayanların değil, grubun tüm üyelerinin ortak zamanı bu şekilde kullanmaya istekli olduğundan emin olun. Tarafların bu çatışmayı arabuluculuk desteğiyle veya destek almaksızın çözme niyetinde olup olmadıklarına grupça karar verin.

Çatışma çözümü adımlarını (ve isterseniz arabulucunun rolünü) gözden geçirmenin yanı sıra, 29. sayfadaki "Bölüm III: Birlikte Pratik Yapmak" ve ardından 59. sayfadaki "H – Çatışmayı Kucaklamak" bölümünde bulunan hatırlatıcılara bakın. Çatışma çözme süreci için resmî bir açılış yaparak gruptaki her kişiden niyetini ifade etmesini isteyin. Çalışmayı tamamlarken, süreci gözlemleyen üyeler de dahil olmak üzere herkesi geri bildirim vermeye davet edin. Grubunuzun barışçıl niyetlerle gösterdiği çabayı görünür kılıp takdir ederek resmî bir kapanış yapın.

Grupta, üzerinde çalışmak üzere canlı bir çatışma yoksa, aşağıdaki yapılandırılmış etkinliklerden birini veya her ikisini birden önererek pratik imkanı sunun.

Etkinlik 1: Çatışma Senaryoları 2

İki ila dört kişilik küçük gruplar oluşturun. Her grup önce olası bir çatışma konusu bulacak, sonra da çatışmanın nasıl açığa çıkabileceğine dair üç farklı senaryo oluşturacaktır. Ortaya çıkan senaryolar, bu etkinliğin ikinci bölümünde farklı bir grup için pratik materyali olarak kullanılacaktır.

Bölüm A: Çatışma senaryoları oluşturun (yirmi dakika)

1. Küçük grubunuzda, 154. sayfadaki "Çatışmada Arabuluculuk Yapmak İçin Araya Girmek" başlığı altında paylaşılan senaryolara verdiğiniz yanıtları birlikte gözden geçirin. Ebeveyn, bu senaryolarda hangi farklı biçimlerde arabuluculuk yapmış olabilir?

2. İki kişi arasında gerçek veya hayali bir çatışma seçin. Bir kâğıt üzerinde, çatışmayı en fazla iki cümleyle tanımlayın. Çatışan tarafları, aralarındaki ilişkiyi ve yaşanan durumu tasvir etmek için Şiddetsiz İletişim'in gözlem dilini kullanmayı deneyin.

   Örnek: Yaşlı bir çift altmışıncı yıldönümü partileri için giyinmektedir. Biri diğerinden belirli bir kıyafeti giymesini ister; ama eşi hayır cevabını verir.

3. Şimdi bu çatışmayla ortaya çıkabilecek üç senaryo oluşturun. Her senaryoda eşlere sadece birer replik yazın.

Üç örnek senaryo:

Birinci Senaryo

Eş A: Bugünkü partide o kıyafeti giymezsen bir daha ne zaman buna fırsatın olacak? (İç çeker...)

Eş B: Ne demek istiyorsun? Nereden çıkardın o kadar çabuk öleceğimi?

İkinci Senaryo

Eş A: Bu özel günde beni mutlu edecek bir şey giyersen çok sevinirim.

Eş B: Ben seni mutlu edeceğime sen kendini mutlu edecek bir şey giymeye ne dersin?

Üçüncü Senaryo

Eş A: O kumaşı sipariş etmek ve sana özel bir kıyafet diktirmek için harcadığım onca zaman ve para, senin umrunda bile değil.

Eş B: Senden bunu yapmanı ben istemedim ki.

Seçtiğiniz çatışmanın tanımının altına üç senaryoyu yazarak, her birini yukarıda olduğu gibi Bir, İki ve Üç rakamlarıyla numaralandırın.

> Çalışmayı kendi başınıza yapın: Bir çatışma konusu belirleyin ve yukarıda gösterildiği gibi üç senaryo oluşturun.

Bölüm B: Çatışma çözümü için rol oyunu (yirmi dakika)

Gruplar kâğıtlarını birbirleri arasında değiştirdikten sonra, her grup, aldığı kâğıtta tanımlanan çatışmayla ilgili pratik yapacaktır.

Katılımcılar, çatışma çözümü üzerine bir rol oyunu oynamak niyetiyle, sırayla bir senaryo seçerler. Grupta sadece iki katılımcı varsa, rol oyunu çatışan eşlerden oluşur. Grup ikiden fazla kişi içeriyorsa, katılımcılar eşlerden birini veya bir arabulucuyu oynayarak pratik yapabilirler. Her rol oyununa, Eş A ve Eş B'nin kâğıda yazılan sözlerini okuyarak başlayın.

> ◎ Oluşturduğunuz her senaryo için, Eş A'nın, Eş B'nin yanıtını duyduktan sonra bir nefes aldığını hayal edin. Eş A'nın, bu duraklama sırasında anlaşmazlığı çözmek amacıyla diyaloğa Şiddetsiz İletişim'i dahil ederek devam etmeye karar verdiğini varsayın. Eş A'nın bundan sonra ne diyebileceğini yazın.

Bölüm C: Hasat

Yeniden büyük grupta buluşun. Her küçük grup, üzerinde çalıştığı çatışmayı paylaşacaktır. Senaryolardan biriyle çalışan bir katılımcı, Eş A ve Eş B arasındaki ilk konuşmayı okuyacak ve ardından rol oyununda hangi ihtiyaçlara temas ettiklerini aktaracaktır. Her küçük grup paylaşım yaptıktan sonra, bu küçük grup etkinliğinin A veya B Bölümünde ortaya çıkmış olabilecek soruları, zorlanmaları ve içgörüleri dinlemek için alan açın.

Etkinlik 2: Çatışma Rol Oyunu

1. Her rol oyununa otuz dakika ayırın. Mümkünse, aktif pratik fırsatını artırmak için üç veya dört kişilik küçük gruplar oluşturun. Her gruba bir tomar kâğıt (yaklaşık 10 x 15 cm boyutunda kesilmiş) ve kalın bir keçeli kalem verin.

2. Katılımcılar, küçük gruplarda aşağıdaki rolleri kimin üstleneceğini belirlerler:

    A Rolü: Ana karakter. Çatışma yaşadığı bir kişiyle kalpten bağlantı kurma isteği duyduğu bir konu seçer.

    B Rolü: Diğer kişi.

C Rolü: Zaman tutucu.

D Rolü: Not tutucu. (Grupta sadece üç kişi varsa, zaman tutucu aynı zamanda not tutucu görevini de üstlenir.) Ana karakter ve diğer kişi aynı göz seviyesinde karşılıklı oturur.

3. Ana karakter (A Rolü), diğer kişiye hitap ederek (B Rolü) çatışmayı tasvir eder ve şu bilgileri verir:

   - İlişkilerini, örn. *Ben bir terziyim ve sen benim müşterimsin.*
   - Çatışmayı, örn. *Benden giysinin boyunu kısaltmamı istedin. Bu iş için birkaç saat harcadım. Şimdi bana giysinin fazla kısaldığını ve bana para ödemeyeceğini söylüyorsun.*

NOT: "Olan bitenin hikayesi" ile ilgili detayları en aza indirerek grubun zamanını gözetin.

4. Ana karakter, çatışmayı çözmek için Şiddetsiz İletişim adımlarını uygulayarak rol oyununa başlar. Söze başlamadan önce, sessizlik içinde diğer kişiyle samimiyetle bağlantı kurma isteğini yoklar.

5. Taraflardan biri bir ihtiyacının karşı tarafça duyulduğunu hissettiğinde elini kaldırır. Bu durumda not tutucu, ihtiyacı kâğıtlardan birine büyük harflerle yazıp o kişinin önüne koyar. Diyalog sırasında her iki tarafın da pek çok ihtiyacı ortaya çıkabilir.

NOT: Her iki taraf da ihtiyaçlarını karşılayacak bir strateji üzerinde anlaşmaya vardığında ve çatışmanın çözüldüğüne dair tatmin yaşadığında rol oyunu tamamlanır.

6. On dakikanın sonunda rol oyunu hâlâ devam ediyorsa, zaman tutucu iki rol oyunu katılımcısına rollerini ve yerlerini değiştirmeleri için işaret verir. Ana karakter şimdi karşı tarafın rolünü üstlenecektir.

Tüm grup sessizlikte durur ve iki tarafın karşısında bulunan ihtiyaç sözcüklerine bakar. Yeni ana karakter, kalpten bağlantı kurma isteğini yoklar. Taraflardan herhangi biri, yeni rolünden konuşmaya başlayabilir.

7. Yaklaşık beş dakika sonra, zaman tutucu iki tarafa da baştaki rollerine ve yerlerine dönmeleri için işaret verir. Katılımcılar, ortaya çıkan ve kâğıtlara yazılan ihtiyaçlara bir kez daha göz gezdirirler. Ana karakter, bu rol oyununun son beş dakikasına başlamadan önce diğer kişiyle tam bir bağlantı kurmaya istekli olup olmadığını yoklar.

8. Zaman tutucu rol oyununun bittiğine işaret eder. Grup, ana karakterden başlayarak hasat alır. Neyin öğrenildiği, neyin zor geldiği, neyin farklı yapılabileceği ve bu çalışmada geliştirilen becerileri desteklemek için daha fazla pratiğe ihtiyaç olup olmadığı, varsa ne tür pratiklerin anlamlı olabileceği üzerine tefekkür edilir.

On Bir – Bireysel Pratiğe Örnek Yanıtlar

Bireysel Pratik için Yanıtlar: *Çatışmada Arabuluculuk Yapmak İçin Araya Girmek*

Birinci Senaryo:

1. Kız kardeşe hitaben: *Bayağı kızmışsın galiba; yaşadıklarının duyulmasına mı ihtiyacın var?*

İkinci Senaryo:

2. Abiye hitaben: *Neyi söyleyip söylemeyeceğine senin karar verdiğin açıkça bilinsin mi istiyorsun? Kız kardeşini neyin rahatsız ettiğini duymaya var mısın?*

Üçüncü Senaryo:

3. İki kardeşe hitaben: *İkinizin de gerçekten canı sıkıldı sanırım; kendi tarafınız duyulsun mu istiyorsunuz?*

On Bir – Liderin Kılavuzuna Örnek Yanıtlar

Etkinlik 1 için Yanıtlar: "-Meli/-Malı" Düşüncelerini Belirlemek, Bölüm A-3

Eş A'nın bir sonraki repliği – Birinci Senaryo:

1. Anladığım kadarıyla rahatsız olmuşsun ve neden öyle söylediğimi anlamak istiyorsun.

Eş A'nın bir sonraki repliği – İkinci Senaryo:

2. Hmm, acaba herkesin kendi mutluluğunun sorumluluğunu mu almasını istiyorsun?

Eş A'nın bir sonraki repliği – Üçüncü Senaryo:

3. Bunun benim seçimim olduğunun anlaşılmasını mı istiyorsun? Evet, sana o kıyafeti almak benim seçimimdi. Ve bununla ilgili hissettiklerimi duymaya istekli olup olmadığını merak ediyorum.

Bölüm için Alıştırmalar–12:
Koruyucu Güç Kullanmak

On İki – Bireysel Ev Çalışmaları

Gözden Geçirme

1. Hangi koşullar altında güç kullanmayı seçebiliriz?
2. Koruyucu güç kullanımı ile cezalandırıcı güç kullanımı arasındaki farkları şu açılardan tanımlayın:
   a. Güç kullanımının ardındaki niyetler
   b. İnsanların neden hata yaptıkları ve düzeltme sürecinin nasıl gerçekleştiği hakkındaki varsayımlar
3. Yazar, çocuklara fiziksel ceza verilmesiyle ilgili olarak özellikle hangi endişenin altını çiziyor?
4. Fiziksel cezanın yanında başka hangi ceza biçimlerinden bahsediliyor?
5. İnsanları davranış değişikliği için motive etmenin bir yolu olarak cezaya başvurduğumuzda doğabilecek olumsuz sonuçlar nelerdir?
6. Yazar, başkalarını inciten çocukları cezalandırmak yerine onlara ne yapmayı öneriyor?
7. Birini, istediğimiz şeyi ona yaptırmak için cezalandırmakla tehdit ettiğimizde kendimize öncelikle hangi iki soruyu sorabiliriz?
8. Çocukları odalarını toplamaya motive eden yaygın nedenler nelerdir? Ebeveynler, çocukları odalarını toplarken ge-

nellikle onların hangi değerlere katkıda bulunmalarını isterler?
9. Şiddetsiz İletişim'in desteklediği ahlaki gelişim düzeyi nedir?
10. Yazar, "hiçbir şey yapmama odası"nın başarısını neye bağlıyor?

Bireysel Pratik

1. "Koruyucu" güç kullandığınız bir vaka hatırlıyor musunuz? Bu durumda güç kullanımınızı "koruyucu" olarak tanımlamanıza neden olan unsurlar nelerdi? Güç kullanımının "cezalandırıcı" olarak nitelendirilebileceği benzer bir durum hayal edebiliyor musunuz? Eğer öyleyse, iki durum arasında ne gibi farklar görüyorsunuz?

2. Birilerine zarar veren ve şimdi pişman olduğunuz bir şey yaptığınızı hatırlıyor musunuz?
    a. Yaptığınız şeyi yapmanıza neden olan şeyin ne olduğunu düşünüyorsunuz?
    b. Bu davranışınızın nedeni kötü birisi (irade zayıflığı da dahil olmak üzere insani kötülük) olmanız mı? Davranışınız cehaletten mi (değerleri ve niyetleri yaşama becerisi eksikliği dahil) kaynaklanıyor? Yoksa başka bir nedeni mi var?
    c. Sizin (ve diğer insanların) davranışlarının ardında "kötülük" olduğuna inanıyorsanız, böyle bir "kötülüğü" nasıl düzeltirsiniz?
    d. İnsanların davranışlarının ardında "cehalet" olduğuna inanıyorsanız, ne tür bir düzeltme süreci önerirsiniz?

3. Ebeveynler için: Çocuklarınızın yapmasını (veya daha sık yapmasını) istediğiniz beş şeyi yazın. Her maddenin yanına, bunu yapma nedenlerinin ne olmasını istediğinizi yazın.

4. Aşağıdaki alıştırma, "Şiddetsiz İletişim'de yas tutma" sürecinde size yol gösterir; Dokuzuncu Bireysel Ev Çalışmasındaki (s. 128) pratiğinizin bir uzantısıdır. Hatalarımızla nasıl yüzleşebileceğimizi ve cezalandırmaya gitmeden (kendimizi

suçluluk ve utanç yoluyla cezalandırmak da dahil) nasıl büyüyüp öğrenebileceğimizi ele alır.

a. Söz konusu olayda (yukarıdaki 2. maddede) zarara neden olduğunuzu hatırladığınızda yaptığınız şeyle ilgili kendinize ne söylüyorsunuz?

b. Yukarıdaki a maddesinde kendinizle iç konuşmanızın Şiddetsiz İletişim dilinde olup olmadığını yoklayın. Değilse, yazdıklarınızı dört bileşeni kullanarak tercüme edin:

- _____ *(yaptığım şeyle ilgili gözlemimi) hatırladığımda*
- _____ *hissediyorum*
- *çünkü* _____ *ihtiyacım var / değer veriyorum / ihtiyacım karşılanmıyor*
- *ve kendimden* _____ *rica ediyorum.*

ÖRNEK:

- Küçük oğluma *"İstesen de istemesen de okula gitmek zorundasın!"* dediğimi hatırladığımda
- büyük acı duyuyorum
- çünkü anlayışa ve desteğe değer veriyorum.
- Kendimden ricam, böyle bir durumda söylemek istediğim sözleri bir kâğıda not edip bir dahaki sefere onunla nasıl empati kuracağımı hatırlamama yardımcı olması için banyo aynamın üzerine yapıştırmak.

c. Şimdi, şu anda pişman olduğunuz eylemi yaptığınız âna geri dönün. O ânın hem dışsal (dışınızda olup bitenler) hem de içsel (içinizde olup bitenler) koşullarını hatırlayın. O sırada olduğunuz kişiyle (şu anda pişman olduğunuz eylemi yapan kişiyle) empati kurun:

- Ben _____ (gördüğümde, duyduğumda, hatırladığımda...)
- _____ hissettim
- çünkü _____ 'a ihtiyacım vardı

- Bu ihtiyaçlarımı karşılamak için seçtiğim strateji _____ idi (şu anda pişman olduğunuz eylem).

ÖRNEK:

- Oğlumun *"Anne, yarın da okula gitmeyeceğim, sonra da!"* dediğini duyduğumda
- korktum ve çaresiz hissettim
- çünkü eğitime ve özgüvene değer veriyorum (oğlumun bağımsız ve üretken bir hayat yaşamasına izin verecek becerileri kazandığını bilmeye ihtiyacım vardı).
- bu ihtiyaçlarımı karşılamak için seçtiğim strateji, *"İstesen de istemesen de okula gitmek zorundasın!"* demekti.

On İki – Liderin Kılavuzu

Bu bölüm, insan davranışı üzerine teoriler, bunların toplumsal uygulamaları ve sonuçlarıyla ilgili sorular canlandırabilir. Lider olarak, bu tür tartışmaları odağınıza alırken aynı zamanda sınırlı tutmak amacıyla, gündeme gelen belli başlı soruları ortaya koyup bunlara belirli bir süre ayırın. Anlaşmazlıkların hararetî artarsa, dinleme, yansıtma ve yavaşlama pratiğini teşvik etme fırsatını kullanın.

Çemberinizin son aylarda geliştirdiği pratik çalışmalarına devam edin. Henüz repertuarınıza rol oyunlarını dahil etmediyseniz, bu çalışma kitabındaki *Rol Oyunu Önerileri*'ni inceledikten sonra bunu da etkinlikleriniz arasına katmak isteyebilirsiniz.

Etkinlik 1: Okul Bahçesi Vakası

Kurumsal bir ortamda suçlama ve cezalandırmayı içeren bu vaka, grubunuzun değerlendirmesi için aşağıda sunuluyor.

Okul Bahçesi

1. Bir şey olur.
2. Başka bir şey olur.
3. Başka bir şey olur.
4. Jamaikalı bir çocuk, beyaz bir çocuğa "Seni pis beyaz" der.
5. Beyaz çocuk Jamaikalı çocuğa "Seni zenci" der.
6. Jamaikalı çocuk öğretmenine gider ve "Bana zenci dedi" der.
7. Öğretmen beyaz çocuğa "Okulumuzda ırkçılığa toleransımız yok. Günün geri kalanını müdürün odasında geçireceksin" der.

Ertesi sabah

8. Beyaz çocuğun anne ve babası müdürü arayıp şöyle der: "İşte çocuğumuzun başına gelenler. Bu akıl almaz ters ırkçılıktan dolayı öğretmenden ve okuldan bir özür bekliyoruz."

Aşağıdaki kişilerin her biri için ayrı bir empati repliği yazın:

a. Jamaikalı çocuk

b. Jamaikalı çocuğun sözlerini duyan beyaz çocuk

c. öğretmen

d. müdürün odasına gönderilen beyaz çocuk

e. beyaz çocuğun ebeveynleri

f. müdür

Şimdi, her bir kişinin, onun adının altında listelenen kişiden, yazdığınız empati repliğini duyduğunu hayal edin. Sizce bu olayın seyri ne şekilde değişebilirdi?

◎ Bu çalışmayı kendi başınıza deneyin.

On İki – Liderin Kılavuzuna Örnek Yanıtlar

Etkinlik 1 için Yanıtlar: Okul Bahçesi Vakası

> NOT: Aşağıdaki örnek empati satırları yalnızca duyguları ve ihtiyaçları ifade ediyor. Burada ricaya yer verilmiyor. Kişi ancak (bir dizi empatik etkileşim yoluyla) yeterince empati aldıktan sonra ve duruma çözüm bulmaya hazır hale geldiğinde ricalar gün ışığına çıkar.

1. (Jamaikalı çocuğa:) *Hayal kırıklığı mı yaşıyorsun, çünkü herkesin oyuna dahil olmasını mı istiyorsun?*

2. (Beyaz çocuğa:) *Üzgün müsün, çünkü daha fazla saygıya mı ihtiyacın var?*

3. (Öğretmene:) *Endişeli misin, çünkü bu okulda tüm ırklara saygının öğretildiğini ve modellendiğini görmek mi istiyorsun?* (Buradaki evrensel ihtiyaç saygıdır.)

4. (Beyaz çocuğa:) *Rahatsız mı oluyorsun, çünkü olan bitenin anlaşılması mı istiyorsun?*

5. (Beyaz çocuğun ebeveynlerine:) *Sanırım dehşete kapıldınız ve huzurunuz kaçtı, çünkü bütünlüğe değer veriyorsunuz ve tüm ırklara eşit saygı gösterilmesini istiyorsunuz, öyle mi?*

6. (Müdüre:) *Gergin misiniz, çünkü bu konunun karşılıklı anlayışla uyum içinde çözülebileceğine dair güvenceye mi ihtiyacınız var?* (Buradaki evrensel ihtiyaçlar anlayış ve uyumdur.)

> ◉ Bu örnek yanıtları gözden geçirin; sizin yanıtlarınızla benzerliklerine ve farklılıklarına dikkat edin. Bu farklılıklar size ne söylüyor? Bu yanıtları gözden geçirdikten sonra kendi yanıtlarınızda yapmak isteyebileceğiniz değişiklikler var mı?

Bölüm için Alıştırmalar–13:
Kendimizi Özgürleştirmek ve Başkalarını Desteklemek

On Üç – Bireysel Ev Çalışmaları

Gözden Geçirme

1. Çocukluğumuzda ve yetişkin yaşamlarımızda, hepimiz bizi sınırlandıran veya "yeterli olmadığımızı" söyleyen mesajlar aldık. Yine de, genellikle bu mesajların ve yol açtığı acının bilincinde değiliz. Neden?
2. Marshall, ihtiyaç okuryazarlığı konusundaki eksikliğimiz için hangi tarihsel nedene işaret ediyor?
3. Kendi ihtiyaçlarımızı fark etmemizi engelleyen kültürel eğitimden örnekler verin.
4. Kültürel koşullanmamızın yarattığı sınırlılıklardan ve acılardan kendimizi nasıl kurtarabiliriz?
5. Marshall'a göre depresyon, _____ ile bağımızın kopması nedeniyle oluşur.
6. Marshall, zorlayıcı veya stresli bir durum yaşadığımızda neye odaklanmamızı öneriyor?
7. Marshall, otobanda araba sürerken öfkeyi kışkırtan mesajlardan kendisini nasıl kurtardı?
8. Martin Buber, psikoterapist rolündeki birinin gerçekten psikoterapi yapabileceğinden neden şüphe duyuyordu?
9. Marshall, sıkıntı yaşayan insanlara danışmanlık yaparken,

onların nesi olduğunu anlamaya çalışmak yerine kendine hangi soruları sormayı tercih ediyordu?

Bireysel Pratik

NOT: 1. maddede açıklanan alıştırma için bir haftalık süreye ihtiyaç vardır.

1. Bu alıştırma sizden bir hafta boyunca kendinizi gözlemlemenizi istiyor. Zihninizde, olağan bir haftanızı gözden geçirip hangi anlarda stres seviyenizin yüksek olduğuna dikkat edin. Örn. yataktan kalkmak, trafikte araba kullanmak, çocukların kavga etmesi, ders vermek, patronla buluşmak, annenizi aramak vb.

   Hafta boyunca, bu anlarda ne düşündüğünüze ve kendinize ne söylediğinize özel bir dikkat verin. Mümkünse, yaşadığınız durum sırasında aklınızdan geçen sözcükleri not edin.

   a. Günün veya haftanın ilerleyen zamanlarında, düşünceleriniz ve içsel diyaloglarınız hakkındaki gözlemlerinizi gözden geçirin. Kendinizi, durumu veya diğer insanları yargıladınız mı? Düşünceleriniz hayata yabancılaştıran iletişimin başka biçimlerini barındırıyor mu? Yanıtınız evet ise, bunları duygu ve ihtiyaçlara tercüme edin.

   b. Kendinize "Bu durumda gerçekten ne olmasını istiyorum?" diye sorun.

   c. Ardından, "Yaşamak istediğim değişimin gerçekleşmesine katkıda bulunmak için ben ne yapabilirim?" diye sorun.

2. "Hepimiz insan olarak bizi sınırlandıran şeyleri, iyi niyetli anne babalardan, öğretmenlerden, din adamlarından ya da başkalarından öğrenmişizdir." Çocukluğunuzda kendiniz hakkında öğrendiğiniz ve sizi bir insan olarak sınırlandırmış olan (veya hâlâ sınırlandıran) neler var?

3. "Bu yıkıcı öğrenmeyi yaşama değer katan ve hizmet eden düşünce ve davranışlara dönüştürmek büyük bir enerji ve

büyük bir farkındalık gerektirir." Bu dönüşümü üstlenmeye ilgi duyuyorsanız, yaşamınıza "büyük bir enerji" veya "büyük bir farkındalık" davet etmek için ne yapıyorsunuz veya ne yapabilirsiniz?

4. Tercihen sizin için güncel olan bir içsel çatışmayı ele alın:

   a. Birbiriyle çatışan iç seslerin neler söylediğini yazın.

   b. Her ses için Şiddetsiz İletişim'in dört bileşenini de kullanarak diyaloğu tercüme edin. (Kitabın bu bölümünde İçsel Çatışmaları Çözmek başlığı altında verilen "kariyer kadını" ile "sorumlu anne" arasındaki diyalog örneğine bakın.)

5. Nasıl bir "içsel ortamda" yaşamak istersiniz? Bu ortamı oluşturmak için ne yapabilirsiniz?

On Üç – Liderin Kılavuzu

Bu buluşmada içsel konuşmalar temasını öne çıkarın. Grup üyelerini, birlikte geçireceğiniz süre boyunca zihinlerinde gezen sözcüklere özel bir dikkat vermeleri yönünde teşvik edin. Katılımcıların yanlarında kalem-kâğıt bulundurmaları ve buluşma sırasında fark ettikleri içsel konuşmaları not almaları faydalı olabilir. Etkinlikler arasında molalar verip istekli olan grup üyelerini aldıkları notları paylaşmaya davet edin.

Hayata yabancılaşmış içsel konuşmaların Şiddetsiz İletişim'e tercüme edilmesine destek olun.

Grubu bu buluşmanın etkinliklerini seçmeye davet edin. Yararlı bulduğunuz düzenli pratiklerin yanı sıra şu önerileri de göz önünde bulundurun:

- Bireysel Pratiğin 1. ve 4. çalışmasına verilen yanıtların paylaşılması.

- Etkinlik 1 (aşağıda açıklanıyor, bir saat sürer) - Sıkıntı yaşayan insanlara yönelmek üzerine rol oyunu

- Etkinlik 2 (aşağıda açıklanıyor, yaklaşık yirmi dakika sürer) - İçsel diyaloğu tercüme etmek

Grupta psikoterapiye ve Bireysel Pratikteki diğer soruları gözden geçirmeye ilgi varsa, gerçek pratiğe fırsat kalması için hep birlikte bu tartışmalara bir süre sınırı koymak isteyebilirsiniz.

Etkinlik 1: Sıkıntı Yaşayan İnsanlara Yönelmek

Rol oyunu pratiği: Sıkıntı yaşayan ve (bizimle kişisel bir ilgisi olmayan sorunlara dair) rahatlama umuduyla bize başvuran insanlara Şiddetsiz İletişim'le yaklaşmak.

1. İkili çalışma grupları oluşturun.
2. Toplam sayınız tek ise, bir kişi zaman tutucu ve gözlemci olarak görev yapabilir. Aşağıdaki 8. Adım'da zaman tutucuları değiştirin.
3. Kimin A ve kimin B olacağına karar verin.
4. Zaman tutucu grubu bir dakikalık sessizliğe davet eder; bu sırada:
5. A, sıkıntı yaşadığı ve rahatlamak istediği güncel bir durumu aklına getirir.
6. B, kendisini Şiddetsiz İletişim bilincinde merkezleyip şunları duymaya dair tüm alıcılarını açar:
   a. Bu kişi ne hissediyor?
   b. Neye ihtiyacı var?
   c. Bu kişi karşısında nasıl hissediyorum ve duygularımın ardında hangi ihtiyaçlarım var?
   d. Bu kişinin daha mutlu yaşamasını mümkün kılacak şekilde ne yapmasını veya nasıl bir karar almasını rica etmenin anlamlı olacağına inanıyorum?
7. Etkinliğin bu bölümünde eşlerin diyalog kuracağı yirmi dakikada, çift ister kendini oynayabilir (arkadaşlar, Şiddetsiz İletişim'i uygulayanlar vb. olarak); ister B'nin rahat üstlenebileceği bir rol seçebilir (örn. güvenlik görevlisi, avukat, çocuğun öğretmeni, memur, hemşire, danışman vb.). (Bu rolü seçerken ne kadar zaman harcadığınızın farkında olun!)

8. Zaman tutucu: Yirmi dakika dolduğunda haber verir. Ardından eşlere rol oyununu tamamlamaları ve gözlemledikleriyle öğrendikleri hakkında hasatlarını paylaşmaları için 10'ar dakika verir.

Zaman tutucuları değiştirin. A ve B rolleri değiştirir ve yukarıdaki 5-8. Adımları tekrarlarlar.

> Bu etkinliği, kendi başınıza her iki rolü de oynayarak bir içsel diyalog biçiminde yapmayı deneyin. İçsel diyaloğunuzu not defterinize kaydedin.

Etkinlik 2: İçsel Diyaloğu Tercüme Etmek

1. Bir kişi, aşağıdaki içsel diyaloğu yüksek sesle, *yavaş yavaş* ve *mimiklerini dahil ederek* okur.
2. Diğerleri, sözcüklerin ardındaki duygu ve ihtiyaçları dinler.
3. Çemberde sırayla söz alan her katılımcı, bir cümleyi tercüme etme imkanı bulur.
4. Tüm geri bildirimler duyulduktan ve tartışıldıktan sonra, bir kişi özgün içsel diyaloğun tümünü bir kez daha yüksek sesle okur.
5. İkinci bir katılımcı ise, grubun anlayışını ve öğrenmesini yansıtan Şiddetsiz İletişim tercümesi ile onu takip eder.

Partide sürekli ağzıma bir şeyler tıkıştırıp durmam mide bulandırıcıydı. Acayip zayıf iradeliyim; bende gram öz disiplin yok. Hiçkimse benim gibi tıkınmıyordu. Böyle yapmaya devam edersem kapılardan geçmek için yengeç gibi yürümek zorunda kalacağım! İnsanlar gerçekten iğrenç olduğumu düşünecekler. Aman, beni yargılamaya ne hakları var; kendi işlerine baksınlar... Her neyse, insanların beni nasıl gördükleriyle ilgilenmemeliyim. Zevk aldığım şeylerin tadını çıkarmak benim hakkım. Bunda yanlış olan ne?... Hadi ama, aptal ol-

ma, kendini kandırmayı bırak. Tıka basa yemek yemenin nesi yanlış biliyorsun...

> ◉ Bu etkinliği kendi başınıza deneyin. Olumsuz içsel diyaloğu Şiddetsiz İletişim'e tercüme edin.

On Üç – Liderin Kılavuzuna Örnek Yanıt

Etkinlik 2 için Yanıtlar: İçsel Diyaloğu Tercüme Etmek

Partide yediğim yemek miktarıyla ilgili hayal kırıklığı içindeyim. Gerçekten istediğim kadar yemek konusunda kendime güvenebilmek istiyorum. Endişeleniyorum çünkü başkaları için çekici olduğunu düşündüğüm bir dış görünümüm olsun, kabul göreyim istiyorum. Ama daha da önemlisi, başkaları kabul etse de etmese de kendimi kabul edebilmek istiyorum. Başkalarının benimle ilgili yargılarına uyum gösteren seçimler yapmaktansa, hayatıma hizmet eden, bana mutluluk getiren seçimler yapmaya kararlıyım. Kendimi, bana mutluluk veren seçimler yaptığım için kabul etmeye ihtiyacım var. Aldığım zevki kutlamak, yediğim her lokmada dilimin tat tomurcuklarının aldığı keyfi yaşamak istiyorum... mmm... Aynı zamanda şu anki beden ölçülerimi koruma seçimimi desteklemek, sonuçlarından keyif alacağım biçimde yemek yemek istiyorum. Peki, bu iki ihtiyaç etrafında mutluluğumu güvenceye almak için ne yapabilirim?

> ◉ Bu örnek yanıtı gözden geçirin ve kendi yanıtınızla karşılaştırın. Farklarla ilgili neler dikkatinizi çekiyor?

Bölüm için Alıştırmalar-14: Şiddetsiz İletişim'de Takdiri İfade Etmek

On Dört – Bireysel Ev Çalışmaları
Gözden Geçirme

1. Övgü ve iltifatlar hangi açılardan "hayata yabancılaştıran" iletişim biçimleri olarak nitelendiriliyor?
2. Yöneticiler ve öğretmenler övgü ve iltifatların "işe yarar" olduğunu söylerken neyi kastediyor? Marshall bu iddiayla ilgili hangi çekinceyi ifade ediyor?
3. Marshall, olumlu geri bildirimin diğer insanların davranışlarını etkilemenin bir yolu olarak kullanılmasından neden endişeleniyor?
4. Takdiri ifade etmek için Şiddetsiz İletişim'i kullanmanın amacı nedir?
5. Şiddetsiz İletişim'de ifade ettiğimiz takdir hangi üç bileşeni içerir?
6. Pek çoğumuz takdiri zarafetle kabul etmekte neden güçlük çekiyoruz?
7. Takdir kabul ederken nasıl bir tutum sergilemek hem övünmeden hem de sahte tevazudan sakınmamıza yardımcı olabilir?
8. Marshall, dayısı Julius'a şükranını dile getirmeyi düşündüğünde içinde ne tür bir direnç fark etti?

Bireysel Pratik

Şükranı Beslemek

"Barış Olmak" adlı kitabında Vietnamlı şair ve Zen ustası Thich Nhat Hanh şöyle der: *Şairseniz, bu kâğıt parçasında süzülen bir bulut olduğunu açıkça göreceksiniz. Bulut olmadan su olmaz; su olmadan ağaçlar büyüyemez; ağaçlar olmadan kâğıt yapamazsınız... Ve daha derinden bakarsanız... kâğıdın içinde yalnızca bulutun ve güneş ışığının değil, her şeyin olduğunu da görürsünüz: Kerestecinin yiyeceği ekmek olan buğday, kerestecinin babası - her şey bu kâğıt parçasında.*

Birbirimize bağlara dair anlayışımız yaşayan bir gerçekliğe dönüştükçe, hayatla her karşılaşmamızda neşe ve şükran duyguları çağlayarak akar. Şiddetsiz İletişim bilinci, kendi yaşam enerjimizle ve değer verdiklerimizle aramızdaki bağı anbean derinleştirerek, yaşamlarımızın ve ortak evrensel ihtiyaçlarımızın pek çok yönden ne şekilde desteklendiğini görmemizi giderek daha fazla mümkün kılar.

1. Yediğiniz yiyecekler üzerine düşünmek için biraz zaman ayırabildiğiniz bir öğününüzü seçin.

   - Tabağınızda ne görüyorsunuz?
   - İçinde neler var?
   - Kimlerin yaşamları ya da feda edilmiş canları var?
   - Kimin eli, kalbi, alın teri, hayalleri... var?

Birbirimize bağlar bilincini, yediğimiz her şeyin özgün halini hatırlayıp tasavvur ederek geliştiririz. Ekmeği oluşturan buğdayı, ineğin sütünü, bezelyenin kabuğunu. Balıkların okyanusunu. Ve tümünü besleyen güneşi. Efkaristiya(*) gibi, kutsal olanı, hayatın tohumunu şükranla ve saygıyla içeriz.

– Stephen Levine

(*) Efkaristiya, Evharistiya, Komünyon ya da Rabbin Sofrası, Hristiyanlıkta İsa'nın çarmıha gerilmeden önceki gece havarileri ile yediği Son Akşam Yemeği'nin anıldığı ayindir. (Kaynak: Vikipedi, Ç.N.)

ON DÖRT – BİREYSEL EV ÇALIŞMALARI

NOT: Bireysel Pratik 2, bir aylık bir pratiktir.

2. Bir ay boyunca her gün kendinize şu soruyu sorun: *Son yirmi dört saatte şükran duyduğum neler oldu?* Pratiğin birkaç dakikadan uzun sürmesi gerekmez; ancak bunu hayatınızdaki düzenli bir aktiviteden önce ya da sonra (örn. yataktan kalkmak, işe gidip gelmek, öğle yemeği, akşam haberleri vb.) tutarlı bir şekilde yapmaya çalışın.

3. Hayatınızda takdir ettiğiniz bir şey yapmış ya da yapmakta olan birini düşünün. Ona Şiddetsiz İletişim dilinde bir takdir gönderin: Kısa bir not veya uzun bir mektup olabilir.

   Mesajınızı gönderirken, karşılığında bir şey bekleyip beklemediğinizin farkında olun. (Eğer bir karşılık istiyorsanız, duygularınızı ve ihtiyaçlarınızı da ifade ederek net bir ricada bulunabilirsiniz.)

4. "Birisi sizi neyle takdir etse sevinçten havalara uçarsınız?"

5. Günlük etkileşimlerinizde övgü ve iltifatları gözlemlere, duygulara ve ihtiyaçlara tercüme etmeyi pratik edin. Başlangıçta, bir iltifat duyduğunuz zaman bu tercümeyi kendi içinizde yapmak isteyebilirsiniz. Biraz pratik yaptıktan sonra, tercümenizin bir düzeltme veya kendini yüceltme olarak değil, ortak bir kutlama olarak duyulacağına dair güveniniz artabilir.

ÖRNEK:

a. İçsel (kendi kendinize) – Bir müşteriye teslimat yaptıktan sonra: *Az önce bana 'Harika iş' dedi. Mutlu olmalı. O mutlu çünkü ben... dur bir dakika, onun ihtiyacı ne? Tamam, mobilyaların eksiksiz ve zamanında geldiğini gördüğü için mutlu. Güvenlik ve güvenilirlik ihtiyaçları karşılanmış.*

b. Dışsal (diğeriyle etkileşim)

   Müşteri: *Hey, harika iş!*

   Siz: *Teşekkürler, teslimatın eksiksiz ve zamanında yapılacağına güvenebilmek hoşunuza gitti sanırım?*

Müşterinin, sözleriniz ya da eylemlerinizle karşılanan ihtiyaçlarını duyduktan sonra kendinize şunu sorun: "Şu anda ne hissediyorum? Ve neden?" Bu kendini takdir etmektir: "Neşeliyim çünkü yapacağımı söylediğim şeyi yaparak yaşama katkıda bulunma ve bütünlük ihtiyaçlarımı karşıladım."

On Dört – Liderin Kılavuzu

Kitabın ve programın tamamlandığı bu oturumda takdirin keyfini yaşamak için bolca alan açın. Takdir temasını buluşmanın hatırlama bölümünün, açılış ve kapanış çemberinin içine yedirmeyi deneyin.

Etkinlik 1: Rol Oyunu

a. Beş dakika sessizlik içinde hayatınızda takdir ettiğiniz birini aklınıza getirin: O kişinin ne yaptığını, yaptığı şey karşısında nasıl hissettiğinizi ve hangi ihtiyacınızın karşılandığını hatırlayın. (Seçtiğiniz kişinin hayatta olması gerekli değildir.)

b. O kişiyi canlandırmak üzere birini seçin; takdirinizi ona Şiddetsiz İletişim dilinde sesli olarak ifade edin.

c. Dinleyici rolü: Takdiri empatiyle karşılayın. Söylenenleri bütünüyle içinize aldıktan sonra, sizde canlanan duyguları ve bunların nereden geldiğini (yani, bunların ardındaki ihtiyaçları) ifade edin.

> Madde a ve b'yi kendi başınıza tamamlamayı deneyin.

Etkinlik 2: Çemberdeki Birine Takdir

Bu etkinlik tüm buluşmanın içine yedirilebilir. Birinin kısa süre önce yaptığı veya söylediği bir şeye dair ona takdirinizi ifade etmek amacıyla, herhangi bir anda oturumu "durdurmak" için belirli bir hareket ve "Takdirim var" gibi bir ifade kullanmak üzere aranızda anlaşın.

> Bir arkadaşınıza, ailenizden birine veya iş arkadaşınıza takdirinizi bu şekilde ifade etmeyi deneyin.

(Lider: Bu buluşmanın etkinlik gündeminde ilerleyemezseniz, tüm oturum bu tür kesintilerle geçtiği için kendinizi ve grubunuzu kutlamayı unutmayın.)

Etkinlik 3: Bireysel Pratiği Paylaşma

Bireysel Pratikte sıralanan beş konunun her biri için, çemberde öğrendiklerini paylaşmaya istekli en az bir kişi olup olmadığını yoklayın.

4. soru üzerinde kendi kendine çalışmış olan pek kişi yoksa, bunu çemberde yapmak üzere zaman ayırın. ("Birisi sizi neyle takdir etse sevinçten havalara uçarsınız?")

Etkinlik 4: Kendine Takdir

Lider olarak, gruba aşağıdaki yönergeyi verin:
1. *Kendinizle ilgili neyi takdir ediyorsunuz, neden?*
2. *Kendinizde takdir ettiğiniz şey bir nitelikse, bu niteliği gösteren, yaptığınız veya söylediğiniz somut bir şey hatırlıyor musunuz?*
3. *Tanımladığınız davranış veya nitelik hangi değer ve ihtiyaçlarınızı karşılıyor?*
4. *Kendinizde takdir ettiğiniz bu noktayı fark ettiğinizde hangi duygular canlanıyor?*

Gruba, sorular üzerinde düşünmek için beş dakikanız olduğunu söyleyin. Beş dakikalık sessizlikten sonra, herkesin bitirip bitirmediğini yoklayın; devam edenler varsa herkesin tamamlanması için birkaç dakika daha bekleyin.

Katılımcıların birbirlerini kolayca görebilecekleri bir çember oluşturmak üzere herkesi sandalyelerini çekmeye davet edin. Her katılımcının kendine takdirini ifade etmesi için bir çember döndüreceğiniz bilgisini verin. Her paylaşımdan sonra birlikte iki nefeslik sessizlik yapmayı ve tur tamamlanana kadar yorum yapmamayı önerin.

Çember tamamlandığında, kendini takdir etme, bunu başkalarına ifade etme ve başkalarının kendilerini takdir ettiğini duyma deneyimi hakkında gruptan geri bildirim isteyin. Geri bildirim verenleri, deneyimlerini analiz etmek yerine duygu ve ihtiyaçlarla bağlantıda kalmaya teşvik edin:

> Alışıldık ifade: *Toplum içinde kendi reklamımı yapmak pek de âdetim değildir; bu yüzden başlangıçta sahiden biraz tuhaf geldi, ama sonra sorun olmadığını düşündüm çünkü herkes yapıyordu...*
>
> Şiddetsiz İletişim ifadesi: *İlk başta biraz utandım. Gergindim; sanırım kabule, anlaşılmaya ihtiyacım vardı. Sonra hepimizin bunu yaptığını fark edince biraz rahatladım ve birbirimizi kabul edeceğimize, yani kibirli olmakla filan yargılanmayacağıma güvenebileceğimi düşündüm.*

> Bu etkinliği kendi başınıza yapmayı deneyin. Yanıtlarınızı defterinize not edin.

Etkinlik 5: Şükranı Beslemek

Günlük şükran pratiği hayatımızı kökten değiştirebilir. Bunun için gereken tek kaynak günde birkaç dakikadır; ancak herhangi bir yeni alışkanlık edinmek kararlılık ister. Bu niyete dair destek verebileceğimiz ve destek alabileceğimiz bir pratik çemberimiz olduğu için şanslıyız.

Lider: Bireysel Pratiğin 2. maddesi için yönergeyi gözden geçirin. Bu pratikle deney yapmak için kendilerine taahhütte bulunmak isteyen birileri olup olmadığını ve eğer grupta gönüllü varsa, diğerlerinin onları nasıl destekleyebileceğini sorun. İn-

ON DÖRT — LİDERİN KILAVUZUNA ÖRNEK YANITLAR / 179

sanların bu pratiği yapacakları belirli zamanları ve mekanları düşünmeleri, bu bilgileri grupla paylaşmaları ve başkalarının buna nasıl yaklaştığını duymaları faydalı olabilir.

Bu, grubun son buluşması olabilir. Katılımcıların bu pratiğe devam ederken birbirlerini destekleyebilmelerinin bir yolu, aralarında eşleşip o gün şükran duydukları bir şeyi birbirleriyle mesajlaşarak paylaşmaktır. İçeriği, hikayeyi veya kimin kim olduğunu açıklamaya gerek olmadığı için mesajlar kısa olabilir. Önemli olan, eşlerin birbirlerine taahhütte bulunmaları ve 30 gün boyunca bu pratiği devam ettirmeleridir.

Olası şükran mesajlarına örnekler:

- Bu sabah başım ağrımadan uyandığım için şükran doluyum.
- Baharın gelmesine ve kuş cıvıltılarının bahçeme dönmesine şükrediyorum.
- Tuvaleti kullanmak için otoyoldaki benzin istasyonunda durdum ve her gün tuvaletleri temizleyen insanlara şükran duydum.
- Bugün, bir hata yaptığımda kendimi azarlamak yerine ihtiyaçlarımla bağlantı kurduğumu fark ettim. Gönlümü şükran doldurdu; şükranım sana, alıştırma grubumuzdaki herkese ve Marshall'a yayıldı.

On Dört — Liderin Kılavuzuna Örnek Yanıtlar

4. Etkinlik için Yanıtlar: Kendine Takdir

1. Kendinizle ilgili neyi takdir ediyorsunuz; neden?

"Somut bir niyete yaslanarak hareket ettiğimi gördüğümde kendimi takdir ediyorum. Bu niteliği takdir ediyorum çünkü etkili olmaya, hayalleri gerçekleştirmeye değer veriyorum.

2. Kendinizde takdir ettiğiniz şey bir nitelikse, bu niteliği göste-

ren, yaptığınız veya söylediğiniz somut bir şey hatırlıyor musunuz?

"Somut bir örnek, şu anda yapmakta olduğum şey, yani bu yardımcı el kitabını yazmayı bitirmek olabilir."

3. Tanımladığınız davranış veya nitelik hangi değer ve ihtiyaçlarınızı karşılıyor?

"Bu eylem sadece etkili olma ihtiyacımı değil, aynı zamanda katkı ve destek ihtiyacımı da karşılıyor. Şiddetsiz İletişim öğrenen insanlara katkıda bulunmak, özellikle de bunu kendi başına yapanları desteklemek istiyorum."

"Bu aynı zamanda anlam, amaç odaklı hareket etme, yaratıcılık, zorlanma ve keyif ihtiyacımı da karşılıyor. Büyüme ve öğrenme de var. Vay!"

4. Kendinizde takdir ettiğiniz bu noktayı fark ettiğinizde hangi duygular canlanıyor?

"Burada oturmuş, kendimi takdir ederken şaşkınlık, neşe, etkilenmişlik, huşu gibi duygular içindeyim. Gözlerim pencereye, dağlara çevrildi (ellerim hâlâ klavyede)... Gönlümün şükranla dolup taştığını, sivri uçlu beyaz zirvelere yakınlık hissettiğimi ve bu gizemin bir parçası olduğumu hissediyorum."

"Hayatın bir parçası olmaktan, erişimim olan armağanları fark etmekten heyecan duyuyorum. Tüm bu duyguları hissettiğime şaşırıyorum. (Bu sabah güne başladığımda, yardımcı el kitabının bu bölümünü tamamlamak için hızlı bir Örnek Yanıt yazmak niyetindeydim.)"

"Bunların yanında beni tevazuya çağıran bir duygu da hissediyorum: Gerçekten bir Şiddetsiz İletişim pratiğini, hem de bir yıl önce kendi yazdığım bu pratiği mekanik biçimde yaparak paçayı sıyırabileceğimi mi sanıyordum?"

"Ve beni tekrar tekrar hayatla olan bağıma geri getirdiği için Marshall'a ve Şiddetsiz İletişim'e derin bir şükran duyuyorum."

ON DÖRT – LİDERİN KILAVUZUNA ÖRNEK YANITLAR / 181

5. Kendinizi takdir etmiş ve bunu herkesin önünde ifade etmiş olmakla nasılsınız? Süreçle ilgili herhangi bir geri bildiriminiz var mı?

"Kendimi bir parça güvensiz hissediyorum, emin değilim... belki kırılgan... Herkese açık yaptığım bu paylaşımın anlaşıldığına ve kabul edildiğine güvenmeye ihtiyacım var."

"Sürece gelince, bu Örnek Yanıtı yazmanın otuz dakika yerine iki saat sürmüş olması beni eğlendiriyor, ama memnunum çünkü soruları gerçek deneyimlere dayanarak yanıtlamaya değer veriyorum."

> Yukarıdaki örneği okuduktan sonra, bu etkinlik için not defterinize yazdığınız yanıtı gözden geçirin. Kendinizi takdir etmek için uyguladığınız sürece ve yukarıdaki örneğe bakın. Ne tür benzerlikler veya farklılıklar görüyorsunuz ve bunlardan ne öğreniyorsunuz?

EKLER

Ek 1 – Şiddetsiz İletişim'de Daha Fazla Pratik İçin Öneriler

Ek 2 – Duygu Listeleri

Ek 3 – Evrensel İhtiyaç Listesi

Ek 4 – "Öfke Sizi Sabote Etmesin!"

Ek 5 – Bireysel Geri Bildirim Formu

Ek 6 – Grup Geri Bildirim Formu

Ek 7 – Şiddetsiz İletişim Süreci Takip Çizelgesi

Ek 1 - Şiddetsiz İletişim'de Daha Fazla Pratik İçin Öneriler

1. On Dört Aylık Bir Pratik Yapın

Haftada bir ev çalışması yapan pek çok kişi, sunulan materyaller üzerinde yoğunlaşmak için daha fazla zaman olsa bunun daha derin bir öğrenme potansiyeli barındıracağını fark eder. Bu, özellikle çalışmaları tek başınıza yapıyorsanız geçerlidir. On dört haftadan sonra daha yapılandırılmış bir pratiğe geçmek istiyorsanız, her bölümün temasını önünüze alıp bir ay boyunca "onunla yaşamayı" gündeminize alın.

Bu şekilde, ilk ay süresince niyetiniz, gün boyunca gönülden verdiğiniz ve gönülden vermediğiniz zamanlara dair farkındalığınızı geliştirmek olacaktır. "Farklı bir şey yapmayı tercih ederim" demek isterken "evet" yanıtı vermekten başka bir şey yapabileceğiniz konusunda kendinize güveniniz arttığında, bu âna daha sonra tekrar bakmak amacıyla zihinsel veya yazılı bir not alın. O âna yeniden dönmenin barındırdığı zorluk, Şiddetsiz İletişim bilincinizi derinleştirmek için bir fırsat olarak görülebilir. Zamanla, "hayır"ınızın ardında "evet" dediğiniz ihtiyaçları başkalarının net olarak duyacakları şekilde "hayır" diyebilmeyi kutlayacaksınız.

İkinci ay boyunca, duygu ve ihtiyaçlardan kopmaya katkıda bulunan dış ve iç mesajlara karşı uyanık olmayı kendinize her gün hatırlatın. Şu ifadelerden herhangi birini duyduğunuz veya söylediğiniz zamanlara dikkat edin: Gerekli/gerekir, mecbur, yapamaz/olamaz, zorunda, -meli/-malı. İstediğinizi elde etmek için bir strateji olarak manipülasyona, baskıya, cezaya (ya da ödüle) başvurduğunuzda veya biriyle iletişim kurarken gerçek amacınız onu suçlamak, utandırmak ya da onda suçluluk duygusu uyandırmak olduğunda, bunu fark edin. Evde ve işte, dışsal ödüllerle motive olarak yaptığınız seçimlere karşı uyanık kalın. İltifat ettiğiniz veya aldığınız anlara dikkat edin: "Ah, harika iş çıkardın! Seninle gurur duyuyorum." "Sen harika bir evlatsın (annesin, çalışansın, öğrencisin, sevgilisin, iletişimcisin)."

Yaptığınız şeyi övgü duymak ve onay almak için mi yapıyorsunuz? Yoksa birisinin iyiliğine keyifle katkıda bulunduğunuz veya bir başkasından sevinçle hediye aldığınız bir ânı mı kutluyorsunuz?

Üçüncü ay boyunca, değerlendirmelerinizi gözlemlerden ayırmaya odaklanın. Her ay ilgili bölümün teması üzerine yoğunlaşarak bu şekilde devam edin.

2. Tatmin Etmeyen veya Kafa Karıştıran Konuşmaları Yeniden Canlandırın

Başka bir kişiyle (ya da kendinizle!) aranızda geçen ve "Keşke farklı şekilde ele almış olsaydım" dediğiniz her türlü etkileşimi gözden geçirmeyi alışkanlık haline getirin. Diyaloğu hatırladığınız biçimde not edebilir ve bağlantınızın koptuğu yerleri belirleyebilirsiniz. (Varsayalım, bir ebeveynin çocuğuyla hoşunuza gitmeyen bir tonda veya yüksek sesle konuştuğunu duydunuz. İlk tepki olarak, ebeveyni "ilgisiz" olmakla veya çocuğu "terbiyesiz" olmakla suçlamış olabilirsiniz. Ya da çocukluğunuzda ailenizden birinin sizi eleştirdiği bir durumu seçebilirsiniz.) Şiddetsiz İletişim becerilerinizi kullanarak kendi sözlerinizi ya da diğer kişinin ifadelerini tercüme edin. Ne hissettiğinizi ve neye ihtiyaç duyduğunuzu, ihtiyaçlarınızın karşılanmasına - ya da karşılanmamasına - katkıda bulunan sözlerinizi ve eylemlerinizi hatırlayın. "Şiddetsiz İletişim'e uygun" davranmadığınız için kendinizi suçlarsanız, aşağıdaki alıştırmayı mutlaka yapın.

3. Kendinize Empati Verme Pratiği Yapın

Her ne zaman acı çektiğinizi fark etseniz, kendinize empati vermek için durun. Bunu o an yapamıyorsanız, konuyu "park edin" ve kendinizle empati kurmak üzere daha sonra gündeminize getirin. Kendinize "acil durum ilk yardım empatisi" vermekte ustalaştıkça, duygu ve ihtiyaçlarınızla temasa geçerek herhangi bir sıkıntıya anında yanıt verme alışkanlığı içinizde gelişir. Sizi bilhassa dertlendiren veya size karmaşık gelen durumlarda, içsel diyaloğunuzu kâğıda dökmeye zaman ayırın. İlk olarak, alışıldık dil, düşünceler ve imgelerle kendini ifade eden parçanızı özgür bırakın. Ardından, empatik bir dinleyici rolünü üstlenin ve diyalogdaki ifadelerin her biri için gözlemlerinizi, duygularınızı, ihtiyaçlarınızı ve ricalarınızı yazın.

4. **Diğer Materyalleri Keşfedin**

Uluslararası Şiddetsiz İletişim Merkezi (CNVC), Şiddetsiz İletişim'in öğrenilmesini desteklemek için sürekli olarak yeni materyaller geliştiriyor. Bir arkadaşınızla (veya bir grup arkadaşla) bir eğitimin kaydını izlemek, Şiddetsiz İletişim'de derinleşmenin eğlenceli bir yolu olabilir ve sizinle benzer görüşte olanlarla aranızda bir destek ağı oluşturur.

> Şiddetsiz İletişim'i kendi başınıza öğrenmeyi seçiyor olsanız bile, destek, geri bildirim ve empati için arayabileceğiniz bir "Şiddetsiz İletişim dostu" ile eşleşmek, pratiğinizin çok tatmin edici bir parçası olabilir.

Ek 2 – Duygu Listeleri

> İhtiyaçlarımız <u>karşılandığında</u> ortaya çıkması muhtemel duygular

ENERJİK
canlı
coşkulu
dinç
hayat dolu
hevesli
oyuncu
yaratıcı
istekli
kıpır kıpır
şevkli
sağlıklı
taze(lenmiş)
yüksek
zinde

ETKİLENMİŞ
ağzı açık kalmış
bayılmış
büyülenmiş
gözleri kamaşmış
hayran
hayret içinde
ilham dolu
kendinden geçmiş
mest olmuş
şaşkın

HEYECANLI
ateşli
cesaret dolu
hevesli
içi içine sığmaz
nefesi kesilmiş
tutkulu

HUZURLU
dengede
dingin
ferah
merkezinde
mevcut
sakin
sessiz
uyumlu

KENDİNE GÜVENLİ
emin
gururlu
güçlenmiş
güvende
iyimser
rahatlamış
umutlu
ümitvar

İLGİLİ
ayık
(içine) dalmış
kendini vermiş
meraklı

MİNNETTAR
şükran dolu
müteşekkir
hassas
duyarlı

MEMNUN
gamsız
hafif
haz dolu
hoşnut
keyifli
kıvançlı
mutlu
neşeli
rahat
sevinçli
tasasız
zevkten dört köşe

ÖZGÜR/RAHAT
dalgın
dinlenmiş
gevşemiş
hülyalı
konforlu

SEVGİ DOLU
açık
açık yürekli
dostane
hassas
ılık
sempati dolu
şefkatli
yumuşak

TATMİN OLMUŞ
doyumlu
tamamlanmış

UYARILMIŞ
dikkatli
merkezlenmiş
netleşmiş
sağlam

İhtiyaçlarımız karşılanmadığında ortaya çıkması muhtemel duygular

ACI DOLU
- alınmış
- azap içinde
- berbat olmuş
- canı yanmış
- dargın
- dertli
- gamlı
- kalbi kırık
- kederli
- kırgın
- küskün
- ıstıraplı
- sefil
- sıkıntılı
- yaslı

GERGİN
- daralmış
- dikkati dağılmış
- huzursuz
- kendinden geçmiş
- merkezinden kopmuş
- yüklenmiş
- perişan
- sıkışmış
- stresli
- vesveseli
- yoğun

HÜSRANA UĞRAMIŞ
- ajite olmuş
- bulanık
- cesareti kırılmış
- çalkantılı
- dehşete düşmüş
- hayal kırıklığı içinde
- hoşnutsuz
- huzursuz
- rahatsız
- sarsılmış
- sıkıntılı
- tadı kaçmış

KOPUK
- cansız
- donuk
- geri çekilmiş
- gönülsüz
- heyecansız
- hissiz
- içine kapanık
- ilgisiz
- isteksiz
- kayıtsız
- mesafeli
- sessiz
- soğuk
- soğukkanlı
- umursamaz
- uyuşmuş
- uzak

KISKANMIŞ
- arzulu
- burnunda tütmüş
- gıpta etmiş
- haset etmiş
- hasret dolu
- imrenmiş
- nostaljik
- özlem içinde
- sararıp solmuş

KIZGIN
- asabi
- aksi
- bozulmuş
- çileden çıkmış
- hiddetli
- içerlemiş
- kan beynine sıçramış
- kudurmuş
- küplere binmiş
- öfkeli
- siniri tepesinde
- tepesi atmış

KORKMUŞ
- dehşete kapılmış
- donup kalmış
- endişeli
- etekleri tutuşmuş
- güvensiz
- kaygılı
- kuşkulu
- ödü kopmuş
- paniğe kapılmış
- taşlaşmış
- tedirgin
- temkinli
- tetikte
- titrek
- ürkmüş

RAHATSIZ OLMUŞ
- ciddileşmiş
- gıcık olmuş
- gücenmiş
- hırçın
- hoşnutsuz
- hüsrana uğramış
- keyfi kaçmış
- memnuniyetsiz
- irrite olmuş
- sabırsız

ŞAŞKIN	TİKSİNMİŞ	UTANMIŞ	ÜZGÜN
afallamış	antipati dolu	çekingen	bunalımlı
allak bullak	beğenmemiş	güvensiz	depresif
arada kalmış	hasmane	mahcup	hassas
başı dönmüş	hoşlanmamış	pişman	hüzünlü
çelişkili	iğrenmiş	sıkılgan	karamsar
hayret içinde	nefret dolu	suçlu	kederli
içi karışık	sevmemiş	vicdan azabı	keyifsiz
ikircikli	yabancılaşmış	içinde	kırılgan
kafası karışmış			melankolik
kararsız			mutsuz
kaybolmuş			umutsuz
sersemlemiş			yalnız
tereddütlü			

YORGUN			
ağır	canı çıkmış	içi geçmiş	uyuşuk
bezgin	canından bezmiş	sıkılmış	yılgın
bıkkın	cansız	takâtsiz	yıpranmış
bitap	dermansız	tükenmiş	zayıf düşmüş
bitkin	enerjisi düşmüş	usanmış	
canı burnunda	halsiz	uykulu	

Ek 3 – Evrensel İhtiyaç Listesi

Şiddetsiz İletişim bilincinin özü: "Burada canlı olan ihtiyaç nedir?"

Şiddetsiz İletişim'in özünü oluşturan şey, anbean içimizde hareket halinde olan hayat enerjisine dair farkındalıktır. Bu hayat enerjisinin, hayatın sürmesini mümkün kıldığına inandığımız bir nitelikle ilişkili olduğunu görürüz. Bu enerji, belirli bir özlem, ihtiyaç, istek ya da arzu biçiminde ifade edilebilir; bunların gerçekleşmesi ya da gerçekleşmemesi duygularımızın ortaya çıkmasına neden olur.

Şiddetsiz İletişim'de, tüm insanlar için ortak olan "evrensel ihtiyaçları" – hepimizin değer verdiği hayatı sürdüren nitelikleri – tanımlamaya çalışıyoruz. Hangi kültürden olursa olsun tüm insanların, fiziksel olarak hayatta kalmak için elzem olan hava, besin, uyku vb. gibi gereksinimlerin yanı sıra, büyüyüp gelişmek, tatmin edici hayatlar sürmek ve insani potansiyellerini gerçekleştirmek için bazı temel ihtiyaçları (örn., bağlantı, özerklik, amaç, güvenlik, saygı vb.) bulunur. Bu temel ihtiyaçları, bunları karşıladığımız (zamana, mekana, kişilere veya eylemlere özgü) stratejileri oluşturan daha somut istek ve arzulardan net biçimde ayırırız. Bu stratejiler ve çözümler, "ihtiyaçlar" olarak tanımlanmak yerine "ricalar" aracılığıyla ifade edilir; bu, Şiddetsiz İletişim'de kritik bir ayrımdır.

Aşağıdaki ihtiyaç listesi ne kapsamlı ne de nihai bir listedir. İhtiyaçlar evrensel olsa da, bu sözcükler sadece birer sözcüktür; farklı insanlar, algılanan bir ihtiyacı ifade etmek için farklı sözcükler kullanabilirler. İhtiyaçların ifadesi bir bilim değil, kendi içimizde geliştirdiğimiz bir sanattır. İhtiyaç dağarcığımızı geliştirirken amacımız bir doğruya ulaşmak değil, farkındalığı derinleştirmektir.

Evrensel İhtiyaçlar

Birbirimize bağlara dair ihtiyaçlar
Başkalarına verdiğimiz gibi, başkalarından da alarak:

kabul, dahil etme/olma

takdir
(olumlu bir katkı yapıldığının teyidi)

şefkat
(duyulan acıya özenle yönelme)

bağlantı

düşüncelilik
(bizim ve diğerlerinin ihtiyaçları veya tercihleri için)

işbirliği

topluluk
(kendimizden daha büyük bir şeyin parçası olmak)

empati

dürüstlük
(geçmiş sözlerimiz ve davranışlarımız hakkında, davranışlarımızdan ve sınırlılıklarımızdan öğrenmemizi sağlayan dürüst geri bildirim)

sıcaklık, yakınlık, mahremiyet

saygı, kendine saygı

destek, bakım

güven, güvence

anlayış
(anlamak ve anlaşılmak)

görünürlük
(görmek ve görülmek veya fark edilmek)

Emniyet ve sağlık
güvenlik
güvenilirlik, tutarlılık

Uyum ve denge
güzellik, düzen, barış
tam olmak, eşitlik, karşılıklılık
ilham, duygudaşlık

Özerklik ve özgünlük
özerklik
(kendi hedeflerini, değerlerini, hayallerini ve bunları gerçekleştirme yollarını seçmek)

bütünlük
(kendi değerlerini yaşamak)

hakikilik
(kendine karşı dürüst olmak)

Netlik ve farkındalık
bilinçlilik

anlayış
(bilgi, bilgelik, deneyim ihtiyacı)

Amaç ve etkililik
katkı
(hayatı zenginleştirmek için)

anlam

amaç odaklı etkinlik, çalışma

büyüme

yeterlilik

yaratıcılık, kendini ifade etme

Dinlenme ve oyun
eğlenme
zorlanma, uyarılma
kolaylık, rahatlama
kutlama ve yas
(yaşamı ve doğum-ölüm döngülerini)

Ek 4 – Öfke Sizi Sabote Etmesin!

UYARAN	-MELİ/-MALI DÜŞÜNCESİ	İHTİYAÇLARA TERCÜME	DUYGULARA AÇILMAK	ŞİMDİKİ ZAMAN RİCASI
Birisinin söylediği şey (ifade ettiği sözler): "Hey, seni aptal." **Birisinin yaptığı şey** (eylemi): Telefonunuzu yere düşürdü. **Belirli bir durum, nesne veya sahne:** Eve döndüğünüzde posta kutunuzun hasarlı olduğunu gördünüz.	Öfkenin nedeni	Evrensel ihtiyaç(lar)	Fiziksel duyumlar Öfkenin altında yatan duygular	Mevcut ihtiyaçlarınızı karşılamak için kendinizden veya başka bir kişiden isteyebileceğiniz, somut ve yapılabilir bir şey

Ek 5 – Bireysel Geri Bildirim Formu
(İhtiyaç halinde fotokopi çekilebilir.)

Şiddetsiz İletişim Alıştırma Grubu
BİREYSEL GERİ BİLDİRİM FORMU

Adım: _____

Oturum tarihi: _____

Aşağıdaki konularda gözlemlerim, duygularım, (karşılanan ve karşılanmayan) ihtiyaçlarım

1. bugünkü buluşma: _____
_____
_____
_____

2. benim katılımım: _____
_____
_____
_____

3. diğerlerinin katılımı: _____
_____
_____
_____

4. liderin kolaylaştırıcılığı: _____
_____
_____
_____

5. bugün öğrendiklerim: _____
_____
_____
_____

Ek 6 – Grup Geri Bildirim Formu
(İhtiyaç halinde fotokopi çekilebilir.)

Şiddetsiz İletişim Alıştırma Grubu
BİREYSEL GERİ BİLDİRİM FORMU

Ay/Yıl: _____

Grup: _____

Her ayın son toplantısının lideri, gruptan geri bildirim almak için bir tartışma başlatacak ve ardından bu formu dolduracaktır.

Birlikte pratik yaptığımız bu ayımıza baktığımızda,

1. memnun olduğumuz bazı şeyler: _____
_____
_____

2. karşılaştığımız bazı zorluklar ve bazı endişelerimiz: _____
_____
_____

3. gelecek ay denemek istediğimiz bazı yeni yollar: _____
_____
_____

4. hepimizin aynı fikirde olmadığı bazı noktalar: _____
_____
_____

5. öğrendiğimiz bazı şeyler: _____
_____
_____
_____
_____

Ek 7 – Şiddetsiz İletişim Süreci Takip Çizelgesi
(İhtiyaç halinde fotokopi çekilebilir.)

Şiddetsiz İletişim Süreci
TAKİP ÇİZELGESİ

Şiddetsiz İletişim dansında attığınız adımları takip etmek için bu çizelgeyi kullanın.

	DÜRÜSTLÜK	EMPATİ
GÖZLEM		
DUYGU		
İHTİYAÇ		
RİCA		*

* Ancak diğer kişinin duygu ve ihtiyaçları ile tam olarak empati kurduktan sonra problem çözme adımına geçin.

Notlar

Şiddetsiz İletişim Sürecinin Dört Bileşeni

Nasıl olduğu**mu**
net biçimde ifade etmek
(suçlamadan,
eleştirmeden)

Nasıl olduğu**nu**
empatiyle dinlemek
(suçlama, eleştiri
duymadan)

GÖZLEMLER

1. Esenliğime katkıda bulunan ya da bulunmayan, gözlemlediğim şey *(değerlendirmelerimden bağımsız, gördüğüm, duyduğum, hatırladığım, hayal ettiğim şey):*

   "... gördüğümde/duyduğumda ..."

1. Esenliğine katkıda bulunan ya da bulunmayan, gözlemlediğin şey *(değerlendirmelerinden bağımsız, gördüğün, duyduğun, hatırladığın, hayal ettiğin şey):*

   "... gördüğünde/duyduğunda ..."

   (Empati verirken bazen dile getirilmez)

DUYGULAR

2. Gözlemlediğimle ilişkili nasıl hissettiğim *(düşünce yerine his veya duyum)*

   "... hissediyorum"

2. Gözlemlediğinle ilişkili nasıl hissettiğin *(düşünce yerine his veya duyum)*

   "... hissediyorsun"

İHTİYAÇLAR

3. Duygularıma neden olan ihtiyacım veya değerim *(bir tercih ya da belirli bir eylem yerine)*

   " çünkü ...'a ihtiyacım var / ...'a değer

3. Duygularına neden olan ihtiyacın veya değerin *(bir tercih ya da belirli bir eylem yerine)*

   " çünkü ...'a ihtiyacın var / ...'a değer

Talepte bulunmadan,
yaşamı**mı** zenginleştirecek
şeyi net olarak istemek

Talep duymadan,
yaşamı**nı** zenginleştirecek
şeyi empatiyle karşılamak

RİCALAR

4. Yapılmasını istediğim somut eylemler:

   "... yapmaya razı mısın?"

4. Yapılmasını istediğin somut eylemler:

   "... mı istiyorsun?"

   (Empati verirken bazen dile getirilmez)

© Marshall B. Rosenberg. Marshall B. Rosenberg veya Uluslararası Şiddetsiz İletişim Merkezi'yle (the Center for Nonviolent Communication) ilgili daha fazla bilgi için: www.CNVC.org

Bazı Ortak Duygularımız

İhtiyaçlar karşılandığında duygularımız

- Büyülenmiş
- Canlı
- Etkilenmiş
- Gururlu
- Güvenli

- Hevesli
- Huzurlu
- İlgili
- İlham dolu
- İyimser

- Mutlu
- Neşeli
- Rahat
- Sakin
- Şaşırmış

- Şefkat dolu
- Şükran dolu
- Tamamlanmış
- Umutlu

İhtiyaçlar karşılanmadığında duygularımız

- Acı dolu
- Bıkkın
- Çaresiz
- Endişeli
- Gergin

- Güvensiz
- Hevesi kaçmış
- Hüsrana uğramış
- Kafası karışık
- Korkmuş

- Mutsuz
- Öfkeli
- Rahatsız
- Sabrı tükenmiş
- Sinirli

- Şaşırmış
- Umutsuz
- Utanmış
- Üzgün
- Yalnız

Bazı ortak ihtiyaçlarımız

Özerklik
- Hayallerini/hedeflerini/değerlerini seçmek
- Hayallerini/hedeflerini/değerlerini gerçekleştirmek için yolunu seçmek

Kutlama/Anma
- Hayatın yaratılmasını ve hayallerin gerçekleşmesini kutlamak
- Sevdiklerimizin, hayallerimizin ve başka kayıplarımızın yasını tutmak

Bütünlük
- Gerçeklik • Yaratıcılık
- Anlam • Öz değer

Karşılıklı Bağlar ve Dayanışma
- Kabul • Takdir
- Yakınlık • Topluluk
- Gözetmek/gözetilmek
- Hayatın zenginleşmesine katkıda bulunmak
- Duygusal güvenlik • Empati

Fiziksel
- Hava • Besin
- Hareket/egzersiz
- Yaşamı tehdit eden (virüs, bakteri, böcek, yırtıcı hayvanlar, insanlar gibi) canlılardan korunma
- Dinlenme/rahatlama
- Cinselliğin ifadesi • Barınma
- Dokunma/temas • Su

Oyun
- Eğlenmek • Gülmek

Manevi Birlik, İçsel Bağlılık
- Güzellik • Uyum
- İlham • Düzen • Barış/huzur

- Dürüstlük (sınırlarımızı kabul ederek öğrenme ve büyümemizi sağlayan güçlendirici dürüstlük)
- Sevgi • Güven vermek
- Saygı • Destek
- Güvenmek • Karşılıklı anlayış

© CNVC. Detay için lütfen www.CNVC.org sitesini ziyaret edin.

Şiddetsiz İletişim Hakkında

Şiddetsiz İletişim'in, kırk yıldan uzun süredir dünyanın altmış ülkesinde otuz dilde yayınlanan bir milyondan fazla kitap satışıyla yaygınlaşmasının basit bir nedeni var: İşe yarıyor. Şiddetsiz İletişim, yatak odasından yönetim kurulu odasına, sınıflardan savaş bölgelerine, her geçen gün yaşamları değiştirmeye devam ediyor. Şiddetsiz İletişim şiddetin ve acının köküne barışçıl biçimde erişmek için, kavraması kolay ve etkili bir yöntem sunuyor. Yaptıklarımızın ve söylediklerimizin ardındaki karşılanmamış ihtiyaçları araştırarak düşmanlıkları azaltmaya, acıları şifalandırmaya, profesyonel ve kişisel ilişkileri güçlendirmeye yardımcı oluyor. Şiddetsiz İletişim bugün dünyanın dört bir yanında şirketlerde, sınıflarda, cezaevlerinde ve arabuluculuk merkezlerinde öğretiliyor. Kurumlar, şirketler ve hükümetler bu bilinci kurumsal yapılarına ve liderlik yaklaşımlarına entegre ettikçe, Şiddetsiz İletişim kültürel dönüşümlere yol açıyor.

Pek çoğumuz ilişkilerimizin niteliğini geliştirecek, kişisel gelişim sürecimizi derinleştirecek veya daha etkin iletişim kurmamıza yardımcı olacak beceriler kazanmak için iştah duyuyoruz. Ne yazık ki çoğumuz doğumumuzdan bu yana rekabet etmeye, yargılamaya, talepte ve teşhiste bulunmaya, insanlarda neyin "doğru" ve neyin "yanlış" olduğu yönünde düşünmeye ve bu yolla iletişim kurmaya dönük eğitim aldık. Alıştığımız düşünme ve konuşma biçimleri, en iyimser görüşle iletişimi engelliyor ve yanlış anlaşmalara veya hayal kırıklıklarına neden oluyor. Daha kötüsü öfke ve acı yaratabiliyor ve şiddete yol açabiliyor. En iyi niyetlere sahip insanlar bile istemeden gereksiz çatışmalar yaratabiliyorlar.

Şiddetsiz İletişim yüzeyde görünenin altına ulaşmamıza, içimizdeki canlı hayatı keşfetmemize ve tüm eylemlerimizin, karşılamaya çalıştığımız insani ihtiyaçlara dayandığını görmemize yardımcı oluyor. Bu yolla, herhangi bir anda içimizde olan biteni daha net biçimde ifade etmemize yardım edecek bir duygu ve ihtiyaç dağarcığı geliştirmeyi öğreniyoruz. İhtiyaçlarımızı anlayıp kabul ettiğimizde, her alanda çok daha tatmin edici ilişkiler için ortak bir temel geliştiriyoruz. Bu basit ama devrimsel süreçle, siz de dünyanın dört bir yanında ilişkilerini ve yaşamlarını geliştirmiş olan binlerce kişiye katılabilirsiniz.

Türkiye'de Şiddetsiz İletişim

Marshall Rosenberg'in temel eseri *Şiddetsiz İletişim: Bir Yaşam Dili* 2004 yılında Türkçede yayınlandığında Berlin'de çalışmalarını sürdüren Uluslararası Şiddetsiz İletişim Sertifikalı Eğitmen Vivet Alevi, Şiddetsiz İletişim'i tanıtmak ve yaygınlaştırmak için düzenli olarak Türkiye'ye gelip gitmeye başladı. O dönemde, İstanbul'da Şiddetsiz İletişim'le ilgilenen kişilerin kahvelerde, evlerde, ofislerde biraraya gelmesi yoluyla Türkiye Şiddetsiz İletişim topluluğunun ilk tohumları atıldı.

Türkiye'de ilk Şiddetsiz İletişim temelli Avrupa Birliği hibe projesi, 2009 yılında YÖRET Vakfı ile işbirliği içinde hayata geçen "Çocuklarla Çalışan Yetişkinler için Şiddetsiz İletişim Eğitimi" oldu. Ardından, AB destekli Erasmus, Şehir Eşleştirme, Sivil Düşün gibi programlar; Birleşmiş Milletler, T.C. Milli Eğitim Bakanlığı, T.C. Gençlik ve Spor Bakanlığı gibi kurumlar; Sabancı Vakfı, Aydın Doğan Vakfı, Başka Bir Okul Mümkün Derneği gibi oluşumlar; okullardan şirketlere ve STK'lara çeşitli organizasyonlar, bugüne kadar sayısız Şiddetsiz İletişim projesinin gerçekleşmesini mümkün kıldı.

Günümüzde, Türkiye Şiddetsiz İletişim topluluğu coğrafi sınırları aşarak dünyanın dört bir yanında Türkçe konuşanların katılımıyla büyüyüp gelişmeye devam ediyor. Türkiye'de yetişen eğitmenlerin yüz yüze ve çevrimiçi eğitimleriyle toplumda bu yaklaşıma dönük bilinirlik her geçen gün artıyor. Uluslararası Şiddetsiz İletişim topluluğundan eğitmenler de Türkçe konuşan topluluğu destekleyici çalışmalar sunuyorlar. Marshall Rosenberg'in ve diğer Şiddetsiz İletişim eğitmenlerinin farklı yayınları topluluk tarafından Türkçeye kazandırılarak okurlara ulaşıyor; çeşitlenen yazılı kaynakların yanı sıra topluluğun sunduğu kolaylıkla ulaşılabilir görsel ve işitsel kaynaklar da Şiddetsiz İletişim'in yaygınlaşmasını destekliyor.

Türkiye'de Şiddetsiz İletişim'e gönül verenler, Uluslararası Şiddetsiz İletişim Sertifikalı Eğitmen Adayı olarak farklı ihtiyaçlara yönelik eğitimler sunarken adaylar arasında süreçlerini tamamlayarak Sertifikalı Eğitmen olanlar da uluslararası eğitmen ağına dâhil oluyor.

Şiddetsiz İletişim'de derinleşmeyi amaçlayan Uluslararası Yoğunlaştırılmış Eğitim (International Intensive Training) Şiddetsiz İletişim Türkiye topluluğu ev sahipliğinde farklı ülkelerden eğitmenlerin katılımıyla düzenleniyor. Eğitmen adaylarını sertifikasyon sürecinde destekleyen ve yeni eğitmenlerin topluluğa katılmasına zemin hazırlayan Uluslararası Mentörlük ve Değerlendirme Günleri (International Mentoring and Assessment Days) de her yıl topluluktan geniş katılımla gerçekleştiriliyor.

2013 yılında kurulan Şiddetsiz İletişim Derneği, topluluğu güçlendirmek için eğitimler sunmak, uluslararası Şiddetsiz İletişim ağının yanı sıra benzer çalışmalar yürüten kişi ve kuruluşlarla da işbirliği yapmak, Şiddetsiz İletişim sürecinin bütünlüğünü sürdürmek amacıyla sertifikalı eğitmenler yetişmesini desteklemek üzere çalışmalarını sürdürüyor. Şiddetsiz İletişim'i her yaştan kişinin öğrenmesini kolaylaştıran "The No-Fault Zone" (Hatasız Alan) oyunu da Dernek tarafından okullara, ailelere, kurumlara sunuluyor.

Türkiye Şiddetsiz İletişim topluluğunun çalışmalarıyla ilgili bilgi almak için www.siddetsiziletisim.com sayfasını ziyaret edebilirsiniz. Toplulukta sunulan çalışmaları Facebook'ta Şiddetsiz İletişim Türkiye, Instagram'da ise @siddetsiziletisim hesaplarından takip edebilirsiniz.

Yazar Hakkında

Tayvan'da iki dilli ve iki kültürlü olarak büyüyen Lucy Leu, erken yaşta dillere ve kültürler arasında köprü kurmaya ilgi duydu. 1986'da İçgörü Meditasyonu uygulamaya başladı; kısa süre sonra öğretmenlik kariyerinden barış eğitimine doğru yöneldi. Lucy'nin, cezaevi mahkûmlarının Marshall Rosenberg'in Şiddetsiz İletişim sunumuna verdiği muazzam olumlu tepkiye tanıklık etmesi, Uluslararası Şiddetsiz İletişim Merkezi'ne (CNVC) eğitmen olarak katılması için ona ilham oldu. Lucy, mahkûmların barış gücüne geçişini destekleyen Seattle, Washington merkezli Freedom Project'in kurucu ortağıdır. Aynı zamanda NVC Toolkit for Facilitators'ı (Kolaylaştırıcılar için Şiddetsiz İletişim Alet Çantası) geliştirenlerden biridir.

Kendi hayatını dönüştüren Şiddetsiz İletişim ve mindfulness uygulamalarını başkalarıyla paylaşmak, Lucy'yi derinden etkiledi. Cezaevinde Şiddetsiz İletişim eğitimi almış olan ve o zamandan bu yana kendi topluluklarında barış gücü haline gelen meslektaşlarıyla yan yana çalışmaktan son derece memnun oluyor.

Lucy Leu evli, iki yetişkin çocuğu var ve artık büyüklerine bakım verme imkanı olduğu için minnettar. Vancouver, BC, Kanada'da yaşıyor.

NVC Toolkit for Facilitators (Kolaylaştırıcılar için Şiddetsiz İletişim Alet Çantası) hakkında daha fazla bilgiyi www.NVCToolkit.org adresinde, Freedom Project'e dair bilgileri ise www.Freedom-Project.org adresinde bulabilirsiniz.

Şiddetsiz İletişim Yardımcı El Kitabı için ne dediler?

"Bu el kitabının, özellikle henüz Şiddetsiz İletişim eğitmenlerinin olmadığı yerlerde, ülkenin dört bir yanındaki insanlar tarafından topluluk oluşturmak ve Şiddetsiz İletişim sürecini kendi başlarına uygulamak için kullanıldığını gördüm. Hem yeni hem de deneyimli gruplar bu pratik kılavuzdan yararlanıyorlar. Bu el kitabının, insanların Şiddetsiz İletişim uygulamalarını geliştirmelerine ve yaşamlarını güçlendirmelerine yardımcı olmak için sahip olduğumuz en önemli kaynaklardan biri olduğunu düşünüyorum."

– **Miki Kashtan**, CNVC Sertifikalı Şiddetsiz İletişim eğitmeni, Nonviolent Global Liberation (NGL) topluluğu kurucu üyesi

"*Şiddetsiz İletişim Yardımcı El Kitabı*'nı kullanarak derste ne kadar çok konu işlediğimizi görmek beni şaşırtıyor. Sınıfımızda gerçek hayattan durumlar üzerinde çalışıp içeriğin daha iyi anlaşılmasını sağlayan çeşitli alıştırmaları takip ettik. Bu yardımcı el kitabıyla pratik yapmak, Şiddetsiz İletişim'i anlama ve hayata geçirme konusundaki başarımın anahtarı oldu!"

– **Kirsten Ingram**, finans ve yönetim görevlisi, Britanya Kolumbiyası Eyaleti Çocuk Komisyonu, Kanada

"Kısa süre önce Britanya Kolumbiyası hükümeti tarafından üç farklı hükümet personeli grubu için Şiddetsiz İletişim pratik oturumlarını kolaylaştırmak üzere sözleşme yaptım. Bu üç gruba sunduğum on dört seansta Şiddetsiz İletişim sürecini paylaşırken *Şiddetsiz İletişim Yardımcı El Kitabı*'nın bana sağladığı desteğe sonsuz şükran duyuyorum. Net, özlü, eğlenceli ve destekleyici alıştırmalar ile kitabı gözden geçirme bölümleri işte, evde ve oyun oynarken Şiddetsiz İletişim'i günlük hayata entegre etmek için muazzam araçlar sağlıyor."

– **Penny Wassman**, CNVC Sertifikalı Şiddetsiz İletişim eğitmeni, Victoria, Britanya Kolumbiyası, Kanada

"Şiddetsiz İletişim Yardımcı El Kitabı'nda Şiddetsiz İletişim'in temel öğeleri eğlenceli bir şekilde sunuluyor; bu yaklaşımı öğrenmek çok daha kolay hale geliyor."
— **Jeff Carl**, *Relationship Intelligence: Select and Nurture Healthy Relationships (İlişki Zekâsı: Sağlıklı İlişkileri Seç ve Besle)* kitabının yazarı

"Şiddetsiz İletişim Yardımcı El Kitabı, Şiddetsiz İletişim'i pratik eden bir gruba liderlik etmek için her deneyim seviyesinden kişilere kapsamlı, anahtar teslim bir program sunuyor. Şiddetsiz İletişim: Bir Yaşam Dili'ne mükemmel bir eşlikçi olan bu el kitabı, öğrenmenizi pekiştirmek için evrensel olarak uygulanabilir etkinlikler sunuyor."
— **Stuart Watson**, kolaylaştırıcı ve arabulucu, Portland, Oregon, ABD

"Bu el kitabını şimdiye kadar iki cezaevinde kullandım. En zorlu ortamlarda faydalı yaşam becerileri kazanmaya kendini adamış kadın ve erkekler için harika bir araç oldu."
— **Karen M Campbell**, işgücü/yaşam becerileri koordinatörü, Coffee Creek Corrections Facility, Salem, Oregon, ABD

"Terapist meslektaşlarım ve ben, Şiddetsiz İletişim Yardımcı El Kitabı'nın yapısının haftalık alıştırma grubumuzda öğrenmeyi geliştirmesinden çok memnunuz. Daha da önemlisi, kendimizi tanımamızı destekleyen, şefkat ve yargısızlığa dair bilincimizi geliştiren düşündürücü sorular için şükran doluyuz. Hararetle tavsiye ediyorum!"
— **Myra Walden**, Lifelink Corp., Bensenville, Ilinois, ABD

Şiddetsiz İletişim
Bir Yaşam Dili
Marshall B. Rosenberg Ph. D.

Şiddetsiz İletişim/Bir Yaşam Dili'nde M. B. Rosenberg, anlattığı hikâyelerle, paylaştığı deneyimlerle karmaşık iletişim sorunlarını, öfke ve şiddete götüren düşünce kalıplarını anlamayı, anlaşmazlıkları barışçıl görüşmelere dönüştürebilmeyi, kendimizi tam ifade edebilmeyi, korku, utanç veya suçluluk duygusu yerine empatiyle ilişkilerimize farkındalık ve derinlik kazandırmayı öğreneceğimiz uygulanabilir pratik yollar sunuyor.

Saygılı Anne-Baba, Saygılı Çocuk

Sura Hart, V. Kindle Hodson

Aile içinde istediğiniz işbirliği ve karşılıklı saygı ortamını yakalayın!

Saygılı Anne-Baba, Saygılı Çocuk, anne-babalara günü kurtarmaktan öteye gitmeyen disiplin tekniklerinin yerine karşılıklı saygıyı, duygusal güvenliği ve olumlu, açık iletişimi temel alan bir aile ortamı oluşturmanın yolunu gösteriyor.

Saygılı Anne-Baba, Saygılı Çocuk, besleyici ilişkileri keşfetme ve sevgi dolu bir yuva yaratma becerinizi geliştirmek için 7 Temel Anahtar sunuyor.

İş Yaşamında İletişim

Şiddetsiz İletişim ilkelerinin profesyonel yaşamda uygulanışı

Liv Larsson

Günümüzde insanlar bir ürün ya da servis alırken, kendilerine iyi davranılmasını bekliyor. Aksi takdirde gelecekte aynı hizmet için başka bir yeri tercih edebilirler. Profesyonel yaşamda insani özellikleri yitirmemek, rekabet üstünlüğü sağladığı gibi iş yaşamını daha verimli ve anlamlı da kılıyor. Bu kitapta cevaplanan bazı sorular:
- Müşterileriniz ve çalışma arkadaşlarınızla hem profesyonel hem de insani nitelikte bağ kurmanın yolları nelerdir?
- Zor insanlarla ve zorlayıcı durumlarla nasıl başa çıkılabilir?
- "Hayır" cevabı, karşınızdakini kaybetmeden nasıl verilebilir?
- Güven nasıl yaratılır ve geliştirilir?